आँधी

मंज़रनामा

गुलज़ार

लिप्यन्तरण

कमल नसीम

राधाकृष्ण पेपरबैक्स

पहला पुस्तकालय संस्करण
राधाकृष्ण प्रकाशन प्राइवेट लिमिटेड द्वारा
2005 में प्रकाशित

राधाकृष्ण पेपरबैक्स में
पहला संस्करण : 2023

राधाकृष्ण पेपरबैक्स : उत्कृष्ट साहित्य के जनसुलभ संस्करण

राधाकृष्ण प्रकाशन प्राइवेट लिमिटेड
जी-17, जगतपुरी, दिल्ली-110 051
द्वारा प्रकाशित

शाखाएँ : अशोक राजपथ, साइंस कॉलेज के सामने, पटना-800 006
पहली मंजिल, दरबारी बिल्डिंग, महात्मा गांधी मार्ग, प्रयागराज-211 001
1, अनमोल सोराबजी संतुक लेन, धोबी तलाव, मरीन लाइंस, मुम्बई-400 002

वेबसाइट : www.radhakrishnaprakashan.com
ई-मेल : info@radhakrishnaprakashan.com

विकास कंप्यूटर एंड प्रिंटर्स
ट्रॉनिका सिटी-201102
द्वारा मुद्रित

मूल्य : ₹ 199

AANDHI
by Gulzar
Transcripted by Kamal Naseem

ISBN : 978-81-19092-54-3

गुलज़ार

गुलज़ार एक मशहूर शायर हैं जो फ़िल्में बनाते हैं। गुलज़ार एक अप्रतिम फ़िल्मकार हैं जो कविताएँ, कहानियाँ लिखते हैं।

बिमल राय के सहायक निर्देशक के रूप में शुरू हुए। फ़िल्मों की दुनिया में उनकी कविताई इस तरह चली कि हर कोई गुनगुना उठा। एक 'गुलज़ार-टाइप' बन गया। अनूठे संवाद, अविस्मरणीय पटकथाएँ, आसपास की ज़िन्दगी के लम्हे उठाती मुग्धकारी फ़िल्में। 'परिचय', 'आँधी', 'मौसम, 'किनारा', 'ख़ुशबू', 'नमकीन', 'अंगूर', 'इजाज़त' हर एक अपने में अलग।

1934 में दीना (अब पाकिस्तान) में जन्मे गुलज़ार ने रिश्ते और राजनीति—दोनों की बराबर परख की। उन्होंने 'माचिस' और 'हू-तू-तू' बनाई, 'सत्या' के लिए लिखा—'गोली मार भेजे में, भेजा शोर करता है...'

कई किताबें लिखीं। 'चौरस रात' और 'रावी पार' में कहानियाँ हैं तो 'गीली मिट्टी' एक उपन्यास। 'कुछ नज़्में', 'साइलेंसेस', 'पुखराज', 'चाँद पुखराज का', 'ऑटम मून', 'त्रिवेणी', 'पाजी नज़्में' वगैरह में कविताएँ हैं। बातों-मुलाक़ातों की किताब 'बोसकीयाना' भी है। बच्चों के मामले में बेहद गम्भीर। बहुलोकप्रिय गीतों के अलावा ढेरों प्यारी-प्यारी किताबें लिखीं जिनमें कई खंडों वाली 'बोसकी का पंचतंत्र' भी है। 'मेरा कुछ सामान' फ़िल्मी गीतों का पहला संग्रह था, 'छैंया-छैंया' दूसरा। 'खराशें' नाट्य-पुस्तक है। 'मीरा', 'ख़ुशबू', 'आँधी' और अन्य कई फ़िल्मों की पटकथाएँ लिखीं। 'मंज़रनामा' सीरीज़ में सभी के मंज़र प्रकाशित हैं। 'सनसेट प्वॉइंट', 'विसाल', 'वादा', 'बूढ़े पहाड़ों पर' या 'मरासिम' जैसे अल्बम हैं तो 'फ़िज़ा' और 'फ़िलहाल' भी। यह विकास-यात्रा का नया चरण है।

बाक़ी कामों के साथ-साथ 'मिर्ज़ा ग़ालिब' जैसा प्रामाणिक टी.वी. सीरियल बनाया, कई अलंकरण पाए। सफ़र इसी तरह जारी है। चिट्ठी का पता वही है—बोस्कियाना, पाली हिल, बान्द्रा, मुम्बई।

कमल नसीम

कमल नसीम साहित्य और अनुवाद की दुनिया का सुपरिचित नाम हैं। उनकी पहली पुस्तक 'ग्रीस पुराण कथाकोश' हिन्दी अकादमी, दिल्ली के 'सर्वश्रेष्ठ साहित्यिक कृति सम्मान' से सम्मानित हुई। 'ग्रीक नाट्य कलाकोश', 'उर्दू साहित्य कोश', 'बृहद साहित्य कोश' उनकी महत्त्वपूर्ण पुस्तकें हैं।

उन्होंने बच्चों के लिए कविताएँ भी लिखीं। 18वीं-19वीं सदी के सात प्रतिनिधि शायरों के कलाम 'सतरंग' और ज़ोहरा निगाह की शायरी का सम्पादित संस्करण 'शाम का पहला तारा' शीर्षक से प्रकाशित हुआ।

उन्होंने ग्रीक नाटककार सोफ़ोक्लीज़ के तीन नाटकों—'राजा ईडिपस', 'ईडिपस एट कोलोनस', और 'एंटीगनी' का अनुवाद किया।

दीबाचा

जो नज़र आता है, उसे मंज़र कहते हैं और मनाज़िर में कही गई कहानी का नाम मंज़रनामा है। अंग्रेज़ी में इसके लिए दो अल्फ़ाज इस्तेमाल होते हैं। एक स्क्रीनप्ले है, दूसरा सिनेरिओ (Scenerio)। दोनों तक़रीबन एक-से हैं लेकिन स्क्रीनप्ले में 'डिज़ॉल्व' और 'कट' और दूसरी तकनीकी हिदायतें भी लिख दी जाती हैं, जो डायरेक्टर की मदद करती हैं। इसमें 'सेट' यानी 'महल वक़ू' और मंज़र का वक़्त भी दर्ज किया जाता है। (यानी मंज़रनामा सुबह, शाम, रात या दोपहर, किस वक़्त का है) ये तफ़सीलात डायरेक्टर के लिए तभी ज़रूरी होती हैं, जब वह स्क्रीनप्ले को फ़िल्माता है। वरना ये तकनीकी हिदायत पढ़ने में रुकावट पैदा करती हैं। इसलिए आम कारी के पढ़ने के लिए सिनेरिओ ही ज्यादा मौज़ूँ है, ताकि वह उसे एक नॉवल की सूरत बिना किसी रुकावट के पढ़ सके। इसी का नाम मंज़रनामा है।

अदब में मंज़रनामा एक मुकम्मिल फ़ॉर्म भी है। जिसकी पहली मिसाल जो मेरी नज़र में गुज़री, वह डी. सैका का मंज़रनामा 'अमरीका अमरीका' था। इस डायरेक्टर ने वह मंज़रनामा पहले लिखा, शाया किया और बाद में इस पर फ़िल्म बनाई। अदब में बहुत से मुसन्निफ़ हैं जो अपने नॉवल भी तक़रीबन मंज़रनामे की शक्ल में लिखते हैं। शरत्चन्द्र के बेशतर नॉवल इस फ़ॉर्म के बहुत क़रीब हैं।

ये मंज़रनामे पेश करने का एक मक़सद कारी को इस फ़ॉर्म से मुतारिफ़ करना भी है और दूसरे यह कि टी.वी. और सिनेमा से दिलचस्पी रखनेवाले शायक़ीन यह देख सकें कि नॉवल को किस तरह मंज़रनामे की शक्ल दी जाती है। मेरे लिए ये एतराफ़ करना ज़रूरी है कि मैं मंज़रकशी पर किसी महारत का दावेदार नहीं—कोई दूसरा

डायरेक्टर या मुसन्निफ़, हो सकता है मुझ से बेहतर मंज़रनामा तख़लीक कर ले।

मंज़रनामा का अन्दाज़े-बयान अमूमन ओरिजनल कहानी से अलग हो जाता है इसलिए वह अस्ल कहानी या नॉवल या सवानेह उमरी का Interpretation बन जाता है, जिसकी मिसाल चन्द मशहूर फिल्मों से दी जा सकती है जैसे 'अनारकली' और 'मुग़लेआज़म' एक ही ड्रामे को माखूज़ किए गए हैं। 'देवदास' जितनी बार बनी, और कई ज़बानों में बनी, उसका मंज़रनामा बदलता रहा। टी.वी. की आमद से मंज़रनामों की ज़रूरत में बहुत इज़ाफ़ा हो गया है। छोटे-छोटे अफ़सानों के मंज़रनामे भी लिखे जाने लगे हैं। अहमद नदीम कासमी, राजिन्दर सिंह बेदी, भीष्म साहनी, मुंशी प्रेमचन्द और दूसरे बेशुमार अदीबों के अफ़सानों पर काम हो रहा है। बहुत से सीरियल सीधे मंज़रनामों में लिखे जाते हैं। टी.वी. की फिल्मों के लिए चूँकि वक़्त की पाबन्दी (तवालत, Duration) का लिहाज़ रखना पड़ता है। इसलिए मंज़रनामों के लिए अक्सर अदब से लिए गए मशहूर अफ़सानों को कभी मुख़्तसर करना पड़ता है, कभी फैलाव देना पड़ता है।

मुझे उम्मीद है कि मेरी यह कोशिश दूसरों के लिए कारआमद साबित होगी और दूसरों के तजुर्बों से मुझे फ़ायदा होगा—कोई नई राह खुलेगी, कोई नई बात पैदा होगी।

आँधी

'आँधी' फ़िल्म का मंज़रनामा बड़े दिलचस्प हालात में लिखा गया। मैं 'आँधी' का मंज़रनामा लिख रहा था जब कमलेश्वर जी से एक और फ़िल्म लिखने के लिए मुलाक़ात हुई, जो बाद में 'मौसम' के नाम से बनी। नशिस्त एक फ़िल्म के लिए होती और अक्सर बहस दूसरी फ़िल्म पर जाकर ख़तम होती। हम दोनों फ़िल्में एक साथ ही डिस्कस करने लगे थे। बिल आख़िर ये तय पाया कि कमलेश्वर जी अलग-अलग दोनों ही कहानियों पर नॉवल लिख लें और मैं मंज़रनामे लिखता रहूँ। उनके नॉवल से मुझे कुछ नुक़्ते मिल जाएँगे और मेरे मंज़रनामे से कुछ परतें उन्हें हासिल हो जाएँगी।

इसलिए उनके नॉवल 'काली आँधी' और फ़िल्म 'आँधी' में कुछ मुशतरका है भी और नहीं भी। मेरा ख़्याल है फिल्म में किरदारों के जो attitude हैं वो नॉवल में शामिल नहीं हो सके, या कहिये कि वो अलग हो गए।

इबतिदाई नशिस्तें 'महाबली पुरम' में हुईं। हमारे प्रोड्यूसर उधर के थे। फिर चन्द नशिस्तें भोपाल में हुईं, जहाँ मैं लोकेशन देखने गया था। लेकिन कहानी आगे न बढ़ी। बिल आख़िर दिल्ली के 'अकबर' होटल में बैठकर मैंने स्क्रिप्ट मुकम्मिल की जहाँ 'जे.के' नामक एक वेटर ने मेरी बहुत ख़िदमत की, और उसके एज़ाज़ में, मैंने हीरो को 'जे.के.' का नाम दिया। और 'जे.के' ये जानता है !

—गुलज़ार

1

भोपाल शहर में इलेक्शन का तूफ़ान मचा हुआ था। हर पार्टी के लोग अपना चुनावी निशान जीपों पर लगाए शहर में कन्वेसिंग कर रहे थे।

किसी का चुनाव निशान कुर्सी था, किसी का चुनाव निशान चिड़िया था।

एक बहुत बड़े पंडाल में लोग इकट्ठे थे। शहर के बहुत बड़े नेता चन्द्रसेन, जिनका चुनावी निशान लालटेन था, एक बड़े से स्टेज से उनका भाषण चल रहा था।

" यक़ीन मानिए मुझे कोई शौक़ नहीं है इलेक्शन लड़ने का, और न ही किसी डॉक्टर ने कहा है कि मैं इलेक्शन लड़ूँ, लेकिन मुझे इलेक्शन लड़ना पड़ता है। अपने हक़ूक़ के लिए, जनता के हक़ूक़ के लिए। वो जो समझते हैं, एक डिब्बा मिट्टी का तेल देकर, या एक मुट्ठी अनाज झोली में डाल देने से जनता बिक जाएगी, वह भूल कर रहे हैं, जनता बिकेगी नहीं, वो अपनी भूख नहीं बेचेगी। वो इतना सस्ता सौदा नहीं करेगी।

जनता के हक़ूक़ बिकेंगे नहीं...

जनता के हक़ूक़ नीलाम नहीं होंगे..."

यह सुनकर—वहाँ बैठी जनता ने ज़ोर-ज़ोर से तालियाँ बजाईं और लोग चिल्लाने लगे :

"चन्द्रसेन ज़िन्दाबाद !"

"चन्द्रसेन ज़िन्दाबाद !"

चन्द्रसेन ने भाषण फिर शुरू किया।

"मुझे इस बात का कोई अफ़सोस नहीं है। न ही कोई शिकायत है कि आरती देवी ने अपने चुनाव कार्यालय में लंगर क्यों खोल रखे हैं। क्यों गरीबों को रोज़ खाना खिलाया जाता है। मैं तो खुश हूँ कि

मेरे मुफ़लिस शहर निवासियों को एक वक़्त की रोटी तो मिली, मुझे उनकी अमीरी से कोई शिकायत नहीं है, न अपनी ग़रीबी पर शर्मिन्दगी है। मैं तो सिर्फ़ इतना पूछता हूँ कि इस इलेक्शन से पहले वे कहाँ थीं। यह काले दामों से ख़रीदी, अनाज की बोरियाँ, कौन से गोदामों में छिपी पड़ी थीं, जो पहले पैसे देकर मुट्ठी-भर अनाज नहीं मिलता था। अब जैसे ही इलेक्शन आया, मिलने लगा सब कुछ। अगर मुझे यक़ीन होता कि इलेक्शन के बाद भी इसी तरह सब कुछ मिलेगा मेरे शहर निवासियों को तो भाइयो मैं पहला आदमी होता, उन्हें अपना वोट देनेवाला, लेकिन जानता हूँ, यह सब ढकोसला, दिखावा है। आप लोगों से वोट लेने का। भाइयो, ये पंछी किसी के नहीं होते, ये पंछी किसी के नहीं होंगे, उड़ जाएँगे आपका दाना, पानी, वोट लेकर और जाकर बैठेंगे किसी राजधानी की शाख़ पर और आपको हमेशा-हमेशा के लिए भूखा-प्यासा छोड़ जाएँगे...''

I-A

मैदान में लगे आरती देवी के दफ़्तरों पर एक हुजूम उमड़ पड़ा, और देखते-देखते हर तरफ़ आग भड़कने लगी। आरती देवी और पंछी निशान के बड़े-बड़े कटआउट आग की लपेट में आकर गिरने लगे। हर तरफ़ एक कोहराम मच गया...

2

आरती देवी अपने आलीशान बँगले की सीढ़ियों से उतरती हुई अपने ऑफ़िस के कमरे में आई जहाँ उनकी पार्टी के लोग बैठे थे। उनके आते ही सब लोग खड़े हो गए। आरती देवी अपनी कुर्सी पर बैठ गई और लोगों को बैठने के लिए कहा।

''सिट-डाउन...सो ! ऑपोज़ीशन ने जला दिए हमारे ऑफ़िस...?''

कमल ने हामी भरी।

''जी हाँ...चन्द्रसेन ने जलाए हैं...शरारत उसी की है।''

''वो कैसे ?''

बलदेव ने तेज़ी से कहा।

''खाते हमारे यहाँ थे, काम उनका करते थे।''

कमल ने सफ़ाई दी।

''दरअस्ल, झगड़ा वहीं से शुरू हुआ। हमने उन्हें घुसने नहीं दिया। बात चन्द्रसेन तक पहुँची...और उसने उठकर, धुँआधार लेक्चर दिया...''

बलदेव ने आगे बतया।

''और स्पीच तो...आप जानती हैं कमाल की करता है...मेरा मतलब है...बोलती तो आप भी कमाल हैं। मगर आप यहाँ बैठी हैं न...अगर वहाँ होतीं तो हम देखते कैसे निकलती आवाज़ चन्द्रसेन की।''

''मैं तो चन्द्रसेन, चन्द्रसेन ही सुन रही हूँ...सारी कान्स्टीट्यून्सी में...''

कमल ने कहा।

''सबसे बड़ा फ़ैक्टर यह है...उनके पास पैसे बहुत हैं। पूरी बिज़नेस कम्यूनिटी उनके पीछे है।''

"जहाँ पैसा न हो ख़र्च करने के लिए—वहाँ ख़र्च करने के लिए अक़्ल चाहिए चौधरी साहब !"

"अग्रवाल फ़ेमिली का भोपाल में बहुत रसूख़ है। और चन्द्रसेन के बहुत पुराने मुरीद हैं, मिल मालिक हैं, बड़े-बड़े कारख़ाने हैं। लाखों का धन्धा है, और ज़ाहिर है, चन्द्रसेन को वहाँ से पैसा मिलता है।"

"तो अग्रवाल को क्यों नहीं खड़ा कर दिया अब तक?"

दोनों ने हैरत से उनकी तरफ़ देखा। गुरुसरन बोला।

"जी, पहले दो ही सँभालने मुश्किल हैं। एक तरफ़ चन्द्रसेन और दूसरी तरफ़ गुलशेर ख़ान..."

बलदेव भी झुंजलाया।

"बिज़नेस कम्यूनिटी सारी चन्द्रसेन की तरफ़ चली गई है और जो मुस्लमान वोट हैं वो शेर ख़ान की तरफ़..."

कमल मायूस-सा बोला।

"मज़दूरों के वोट मिलने की उम्मीद थी, वो भी हाथ से निकल जाएँगे..."

"क्यों ?" *आरती ने तेज़ी कहा।*

"उनका अपना मिल मालिक इलेक्शन में खड़ा होगा तो वोट उसको देंगे—और किसे देंगे ?"

इतना सुनते ही आरती देवी तमतमाते हुए अपनी कुर्सी से खड़ी हो गई।

"क्या हो गया है आपकी अक़्ल को—क्या मिल मालिक और मज़दूर हाथ में हाथ डालकर चलेंगे ? किराएदार का सबसे बड़ा दुश्मन मकान मालिक होता है, चाहे वो कितना ही भला आदमी हो !"

फिर मुड़कर कमल से पूछा :

"और प्रेस किसकी तरफ है...?"
"प्रेस भी चन्द्रसेन के हक़ में है।"
"क्यों ?"
"क्योंकि एक ही Important Paper 'वतन' है और कोई ज्ञानी एडीटर है उसका..."
"वह क्या चन्द्रसेन की पार्टी में है?"

बलदेव ने बताया।

"जी नहीं...यूँ तो ज्ञानी किसी की तरफ़दारी नहीं करता, जो ख़बरें मिलती हैं वही छापता है।"

कमल ने चिढ़ के बात काटी।

"और चन्द्रसेन, वह तो हर रोज़ कोई-न-कोई बयान देता ही रहता है।
"तो आप भी न्यूज़ दीजिए उसे, ऐसी न्यूज़ दीजिए कि वह फ्रंट पेज पर छपे..."

3

चन्द्रसेन अपने पार्टी ऑफ़िस में बैठा—'वतन' पेपर के एडीटर ज्ञानी से बात कर रहा था और उसे समझाते हुए कहा :

"देखिए जब तक चुनाव चल रहे हैं, हमारी मुख़ालिफ़ पार्टी की फ्रंट पेज पर न्यूज़ न आनी चाहिए।"
"तो आप क्या चाहते हैं कि मैं न्यूज़ न छापूँ।"
"नहीं...ज्ञानीजी, आप ग़लत समझ रहे हैं। छापिए—ज़रूर छापिए, लेकिन जिस ख़बर पर आप भी यक़ीन से नहीं कह सकते हैं—उसे फ्रंट पेज पर क्यों छापते हैं ? थर्ड पेज पर, फ़ोर्थ पेज पर कहीं भी अन्दर डाल दीजिए और..."

तभी पार्टी का कोई कार्यकर्ता आया और कोई कागज़ दिया।

"सर यह डिज़ाइन है मेन पोस्टर का—यह हैंडबिल है और यह ऑर्डर हैं 'वतन' प्रेस के लिए।"

"तुम जाओ—यह लीजिए ज्ञानीजी...जिस काम के लिए बुलाया था...वह यह है।

कुछ देते हुए।

"यह पोस्टर है, पचास हज़ार छपेंगे—यह हैंडबिल एक लाख, यह ऑर्डर..."

चन्द्रसेन ने चेक पर साइन कर दिए।

"यह advance चेक...! आइन्दा हमारा सारा काम आप ही के प्रेस में होगा...ठीक है न..."

"हूँ... ! यह रिश्वत तो नहीं है ?"

चन्द्रसेन मुस्कुराता है। (मुस्कुराया)

"क्या बात कर रहे हैं ज्ञानीजी, यह तो आपस का लेन-देन है। हम आपके लिए इतना कुछ कर रहे हैं। आप भी तो कुछ कीजिए हमारे लिए..."

"अच्छा मैं ख़्याल रखूँगा..."

यह कहकर ज्ञानी चलने को तैयार हुआ तभी चन्द्रसेन फिर से बोले।

"इलेक्शन से पहले आप हमारा ख़्याल रखिए—इलेक्शन के बाद हम आपका ख़्याल रखेंगे।

4

आरती देवी अपने ऑफ़िस में बैठी कुछ सोच रही थीं। माथे को हाथों से सहलाते हुए बोलीं।

"गुरुसरनजी...चन्द्रसेन कैंसर की तरह छा रहा है सारे इलेक्शन पर...उनका ज़ोर दिन-ब-दिन बढ़ रहा है। उसे तोड़ना बहुत ज़रूरी है। मैं इसीलिए कह रही हूँ, अग्रवाल को इलेक्शन में खड़ा करने की कोशिश कीजिए। आप समझने की कोशिश कीजिए—अग्रवाल के खड़े होने का सबसे बड़ा फ़ायदा यही है कि चन्द्रसेन टूटेगा—चन्द्रसेन के पीछे जितना पैसा है बन्द होगा।

"हमें क्या फ़ायदा होगा उससे...?"

आरती देवी समझाते हुए :

"ये दस आदमी जो एक जगह हैं, उन्हें जीतने के लिए आपको ग्यारह वोट चाहिए। अगर उन्हें पाँच-पाँच में बँटवा दें तो जीतने के लिए सिर्फ छः वोट की ज़रूरत पड़ेगी—And then—हर चीज़ की क़ीमत होती है। अग्रवाल से भी सौदा किया जा सकता है।"

"लेकिन इतना पैंसा कहाँ है हमारे पास...?"

"अक़्ल तो है—लल्लू लाल काफ़ी समझदार हैं, सँभाल लेंगे...!"

5

एक बहुत बड़े होटल के लॉन में, एक जीप तेज़ी से अन्दर आई, जीप पर आरती देवी का पोस्टर लगा हुआ था। जीप होटल में बिल्डिंग के सामने आकर रुकी। जीप में से लल्लू लाल कुर्ते-पाजामे में उतरे, सिर पर गांधी टोपी थी, कन्धे पर एक झोला लटक रहा था। होटल के अन्दर आए और रिसेप्शन पर आकर, वहाँ खड़े

आदमी से पूछा :

"भइए, मैनेजर साहब कहाँ हैं...?"

सहायक मैनेजर ने घड़ी देखकर जवाब दिया।

"जी...वो इस वक़्त बाग़ में होंगे...!"

"...*(घड़ी देखकर)* हवाख़ोरी करते हैं...?"

"हवाख़ोरी नहीं—बाग़ में काम करवा रहे हैं।"

"तो उन्हे बुलाकर लाइए..."

"आपको कोई कमरा-वमरा चाहिए...?"

"कमरा नहीं...मुझे कमरे चाहिए...आप ज़रा मैनेजर साहब को तो बुलाइए..."

"जी...वो वहीं बाग़ में होंगे...आप वहीं चले जाइए...!"

लल्लू लाल जाने को मुड़ा फिर रुककर पूछा।

"उनका नाम क्या है...?"

"जी जे.के. साहब कहकर बुलाते हैं..."

"मैनेजर ही हैं न...?"

"मैनेजर भी हैं...और कम्पनी के मैनेजिंग डायरेक्टर भी हैं।"

लल्लू लाल चले गए।

6

होटल के बग़ीचे में जे.के. साहब बाग़बानी कर रहे थे। और वहाँ पर लल्लू लालजी आ पहुँचे। वैसे लल्लू लालजी, किसी को भी 'भइए' कहकर बुलाते हैं। चाहे वह कितना बड़ा आदमी क्यों न हो, ऐसे ही उन्होंने J.K. को भी बुलाया...।

"भइए—आप ही हैं होटल के मैनेजर ?"

जे.के. खड़े हुए थे। लल्लू लाल की तरफ़ देखकर हाथ को साफ़ करते हुए बोले :

"जी...हाँ...फ़रमाइए।"

"ज़रा...हाथ-वाथ धो लीजिए, फिर बात करते हैं।"

जे.के. ने पास के नल पर हाथ धोए...और पूछा :

"फ़रमाइए तो सही...चाहिए क्या आपको...?"

"अरे होटल में जगह चाहिए...मगर ज़्यादा चाहिए, साउथ विंग ख़ाली करा दीजिए..."

"कुल कितने कमरे चाहिए आपको...?"

"अरे भइए, आप आमों की बात कीजिए, पेड़ क्यों गिनते हैं आप—देखिए लीडरों के लिए जितने कमरे हों, कम हैं। आप जानते हैं कि लीडर जब बाहर निकलते हैं तो अपना दफ्तर साथ लेकर निकलते हैं। ख़ुद वो ऊपर रहेंगे नीचे दफ़्तर खुल जाएगा।"

जे.के. अपनी आस्तीन का बटन बन्द करते हुए लल्लू लाल की बात सुन रहा था।

"कब से चाहिए...?"

"आज ही से...कल सारा कुनबा यहाँ पहुँच रहा है।"

"वैसे...आ कौन रहा है...?"

"आरती देवी...!"

जे.के. आरती देवी का नाम सुनते ही हैरत में आ गया।

"आरती देवी...?"

"जी...हाँ...!"

"वो यहाँ रहेंगी...?"

"हूँ ! जनता की लीडर हैं...वहीं रहेंगी जहाँ...

जनार्दन रहेगा...आपको कोई कष्ट है क्या ?"

थोड़ा-सा मुस्कुराते हुए कुछ छिपाते हुए कहा :

"जी नहीं...मुझे क्या कष्ट होगा।"

"और फिर आपको तो फ़ायदा ही फ़ायदा है। होटल की ग्लैमर बढ़ेगी..."

"यह आरती देवी वही हैं न जिनका निशान पंछी है ?"

"भइए, और किस में इतना दम है, इतना ऊँचा उड़ सके आसमान में..."

7

दूर आसमान में एक हैलीकॉप्टर उड़ता हुआ ज़मीन की तरफ़ आया। रुका तो उसमें से आरती देवी बाहर निकलीं। आँखों पर काला चश्मा, खादी की साड़ी और सिर पर पल्लू किए हुए तेज़ी से अपनी पार्टी के लोगों के पास पहुँच गई। लल्लू लाल और उनकी पार्टी के लोग खड़े थे, उसका स्वागत करने के लिए। सभी मालाएँ लेकर आगे बढ़ आए।

आरती देवी कार में बैठ गई और कारों का क़ाफ़िला होटल की तरफ़ रवाना हुआ। सारे रास्ते में लोग उनके नाम के नारे लगाते रहे।

"आरती देवी—ज़िन्दाबाद !

आरती देवी—ज़िन्दाबाद !"

होटल में कारों का क़ाफ़िला पहुँचा...वहाँ पर और लोग उनका फूलों से स्वागत करने पहुँच गए थे। होटल का मैनेजर जे.के. दूर से आरती देवी को देखता रहा। पहचानने की कोशिश कर

रहा था। आरती देवी होटल के अन्दर चली गई।

8

आरती देवी उन कमरों को देखने लगी जहाँ उन्हें रहना था...एक कमरे में पलंग की जगह पर ज़मीन पर बड़े-बड़े गद्दे बिछे थे, जिस पर सफ़ेद चादरें पड़ी थीं। दीवार पर आरती देवी का एक पोस्टर लगा हुआ था...उसे देखकर—

''हूँ—गुड ! इंगलिश में ज़्यादा नज़र आ रहे हैं।''

फिर दूसरी तरफ़ मुड़ीं, कमरों को देखती हुई कहने लगीं :

''They Should be more in Hindi.''

ज़मीन पर लगे बिस्तर को देखकर बोलीं।

''यह क्या है...? होटल में बैड्ज़ नहीं हैं क्या ?''

लल्लू लाल ने नीची आवाज में कहा :

''यहाँ के पलंग वगैरह मैंने ही हटवाए।''

''क्यों ?''

''वह इसलिए कि...''

इधर-उधर लल्लू लाल ने देखा। पार्टी के लोग खड़े थे इसलिए कुछ कहते हुए रुक गया। कुछ सोच कर कहा :

''आपके लिए पर्सनल कमरा तैयार है चलिए।''

लल्लू लाल उनको दूसरे कमरे में ले गया। आगे बढ़कर कमरे का दरवाज़ा खोला। दोनों कमरे में दाख़िल हुए, आरती देवी ने कमरे को ग़ौर से देखा। पास में चन्दन की अगरबत्ती जल रही थी जिसकी सुगन्ध कमरे में चारों तरफ़ फैल रही

थी। दूसरी तरफ़ टेबल पर सुराही और गिलास रखा था। आरती देवी ने इन सब चीज़ों को देखकर कहा :

''चन्दन की अगरबत्तियाँ—ये किसने लगवाईं ?''

लल्लू लाल एक पल को यह सुनकर घबरा गए और बोल पड़े :

''जी...मैंने नहीं लगवाईं...होटलवालों की होशयारी लगती है।''

''अच्छी हैं।...मुझे तो पसन्द भी हैं !...सुराही...?? कोई अच्छी तरह जानता है मेरी पसन्द को। जग की जगह सुराही रखवाई है जो घर में भी नसीब नहीं होती अब तो...''

''हाँ...! मैं चलूँ अब...? आप आराम कीजिए, आपके प्रोग्राम के बारे में गुरुसरन से तय कर लूँगा।''

''अग्रवाल की बात याद रहे !''

''जी हाँ, याद है—आप बेफ़िक्र रहें...सब कुछ ठीक हो जाएगा...''

9

आरती देवी यह सुनकर कुछ सोच में पड़ गई।

लल्लू लाल कमरे से बाहर आए तो गुरुसरन मिल गए।

''अरे गुरुसरन...''

''जी...''

''भइए, देवीजी को समझाओ—यही तेवर रहे तो लड़ लिए इलेक्शन...!''

''क्या हुआ लल्लू महाराज...?''

''अरे होना क्या है—इलेक्शन जीतने के लिए काँटों के बिस्तर पर लेटना पड़ता है। और तुम्हारी देवीजी हैं कि ज़मीन पर सोने को तैयार नहीं हैं। ज़रा सोचो दिन-भर लोग आएँगे, होटल के बैरे आएँगे, बाहर जाकर बात करेंगे—आहा...आह क्या सादा ज़िन्दगी है, ज़मीन पर सोती हैं, सूत पहनती हैं।...भइए, यहीं से तो हवा बनती है उम्मीदवार की। देवीजी को जाकर समझाओ, जो मैं कहता हूँ वह ठीक है...पलंग देख रही हैं...जाओ—जाओ...''

10

होटल में सहायक मैनेजर अमृत जे.के. के पास आया जो अपनी कुर्सी पर आराम से बैठा था...आँखें बन्द थीं।

''सर...सर...''

जे.के. ने आँखें खोलीं, सामने अमृत को देखा।

''सॉरी अमृत...''

''सर आपकी तबीयत कुछ ठीक नहीं लग रही है। कल रात को आप काफ़ी देर तक काम करते रहे—आप कॉटेज में आराम कीजिए। कुछ काम पड़ा तो मैं आपसे मिल लूँगा...''

''ठीक है...ठीक है...कहो क्या काम है... ?''

''सर वे लल्लू बाबू आए हैं...साउथ विंग्स से—आरती देवी के इलेक्शन पोस्टर लगवाना चाहते हैं सामने विन्डोज़ पर...''

जे.के. ने कुछ सोचकर मुस्कुराकर कहा।

''There we go again—उन्हें मनाकर दो...No Political comment in the Hotel...उन्हें कहो जो

भी Propganda करना है, बाहर जाकर करें।''

तभी एक वेटर आया जिसके हाथों में फूलों का गुलदस्ता था।

''May I Come in Sir ?''

''ले आइए...''

''अमृत, ये फूल तुम ख़ुद ही ले जाओ उनके कमरे में।''

''किनके सर...?''

''वो हैं न...आरती देवी...इधर लाना...''

फूलों के गुलदस्ते को बग़ौर देखा, तभी अमृत ने एक कार्ड पेश किया।

''सर—इस पर साइन कर दीजिए—That will make it more personal.''

जे.के. साइन करने लगता है तभी कुछ सोचकर कहता है।

''नहीं अमृत—Do not say it's from Manager. Just say, it is from Hotel 'Ashiana'.''

''O.K. Sir.''

अमृत फूलों का गुलदस्ता लेकर वहाँ से चला गया।

11

आरती देवी अपने कमरे में टेबल और कुर्सी पर बैठी कुछ काम कर रही है। पास पड़ी ऐशट्रे पर एक सिगरेट सुलगती हुई पड़ी थी। दरवाज़े पर खट-खट की आवाज़ आई। दरवाज़े की तरफ़ देखती है। फिर पास पड़ी सिगरेट बुझाई और आवाज़ दी :

"Come in."

दरवाज़ा बन्द देखकर उठी और जाकर दरवाज़ा खोला। सामने अमृत फूलों का गुलदस्ता लिए था।

"गुड मॉर्निंग मैडम..."

अमृत ने गुलदस्ता पेश किया। आरती देवी फूल देखकर ख़ुश हो गई।

"How beautiful ! किसने भेजा...?"

"जी होटल की तरफ़ से..."

"यहाँ कोई ख़ूब जानता है मेरी पसन्द को... keep it there."

"जी !..."

अमृत ने फूल सजा दिए।

"सुनिए...यह बाहर लटका देना, कोई disturb न करें..."

अमृत "Do not disturb" का कार्ड लेकर चला गया। उसके जाने के बाद आरती देवी फिर अपने मेज़ पर आ गई और लिखने लगी।

12

जे.के. खाना खा चुके थे—सिगरेट जलाया और सिगरेट पीते हुए सोफ़े पर जाकर बैठ गए। खिड़की से दूर तक शहर की रौशनियाँ नज़र आ रही थीं। घर का नौकर खीर लेकर जे.के. के सामने आ गया।

"क्या है...?"

"खीर बनाई थी आज...।"

"आज अचानक खीर का कैसे ख़्याल आ गया...?"

"मेम साहब को देखा, तो ख़्याल आ गया...उन्हें बहुत पसन्द थीं न..."

"मेम साहब...?"

"मेरा मतलब है बहूरानी... !"

"बहू...रानी ? आज तुम्हें बिन्दा हुआ क्या है ? उन्हें तो तुम बिटिया कहकर बुलाते थे।"

"अब इतने सालों में...बहुत कुछ बदल गया...बहुत कुछ टूट गया..."

"सालों से रिश्ते टूट जाते हैं क्या... ?"

"इस घर से तो टूट ही गया न रिश्ता..."

"पता नहीं कहाँ से टूटा है—और कहाँ से जुड़ा हुआ है, अब तक..."

जे.के. खीर खाने लगे ।

"मिले हो उनसे...?"

"नहीं..."

क्यों...?"

आपसे पूछा भी नहीं था..."

"इसमें पूछना क्या...और तुम्हारा हक़ तो मुझसे ज़्यादा है। बचपन में खिलाया है उन्हें ! अपने हाथों में बड़ा किया है और फिर मुझसे पूछना क्या...?

"आज...आज बरसों बाद देखा अपनी बिटिया को...दूर से देखा पर...आवाज़ देने को जी किया..."

यह कहते-कहते बिन्दा की आँखें नम हो गईं।

"लेकिन बहुत बड़ी हो गई हैं न...?"

"जिनके लिए बनाई है यह खीर...उन्हें तो खिला दो..."

"वहाँ बहुत लोग होंगे...हमें तो कोई जाने भी न देगा..."

"क्यों नहीं जाने देगा...एक काम करो...बाहर

गार्डन में डिनर चल रहा है...होटल के किसी बैरे से कह देना, वह ले जाएगा—अगर वह बड़े लोगों में घिरी हो या किसी से बातें कर रही हो तो, बीच में मत जाना, किसी से कह के भिजवा देना...

बिन्दा काका कुछ सोचते हुए वहाँ से चले गए।

13

होटल के गार्डन में आरती देवी की दी हुई पार्टी चल रही थी। एक कुर्सी पर लल्लू लालजी अपनी दवाई पी रहे थे अपनी शीशी से। डकार लेते हुए खड़े हो गए।

"माफ़ कीजिएगा..."

वहाँ से उठकर एक पार्टी वर्कर को पास बुलाया।

"भइए...इसमें ज़रा गुर्दे की दवा ले आ..."

वह आदमी समझ नहीं पाया और फिर पूछा।

"गुर्दे की दवा...?"

"अरे हाँ भइए...सामने जा और इसमें 'रम' डालकर ले आ..."

"समझ गया *(हँसते हुए)*"

"समझ गया...जा...जा..."

तभी बिन्दा काका एक कटोरी में खीर लिए हुए पार्टी के गार्डन में दाख़िल हुए। इधर-उधर देखा—पर कोई नज़र नहीं आया...तभी सामने से जाते हुए वेटर से पता किया।

"आरती देवी कहाँ बैठी हैं ?"

"वो तो अभी आईं नहीं !...ऊपर हैं..."

"अपने कमरे में... ?"

"जी हाँ...कुछ बड़े-बड़े लोग आए हैं...उनके साथ बैठी बातें कर रही हैं..."

वेटर चला गया...बिन्दा काका उदास मन से वहाँ से जाने लगे...तभी दूर से आरती देवी अपनी पार्टी के कुछ लोगों के साथ आती हुई नज़र आई। क़रीब आकर वो बिन्दा काका को देखकर झटके से रुक गई। बिन्दा काका भी खुशी से चमक उठे।

"बिन्दा काका तुम... ?"

आरती देवी झुककर बिन्दा काका के पैर छूती है।

"नहीं बेटी...जीती रहो...कैसी हो तुम...?"

"मैं तो अच्छी हूँ...लेकिन तुम यहाँ कैसे..."

"मैं तो यहीं रह रहा हूँ...मालिक के पास...मालिक यहाँ के मैनेजर लगे हुए हैं...होटल में...चार साल हो गए हैं..."

आरती देवी के चेहरे पर एक चमक भी आई ! उदासी भी...

"इसीलिए मैं सुबह से हैरान थी...यहाँ कौन है जो इतने क़रीब से मुझे जानता है..."

"मालिक मिले नहीं...?"

आरती देवी के चेहरे पर एक दर्द-सा उभर आया और एक चाह ज़बान पर आ गई।

"वो यहीं हैं...?"

"हाँ, बँगले पर हैं...यहीं इसके पीछे बँगला मिला हुआ है होटल में। खाना खिलाकर आ रहा हूँ... *(हँसकर)* यह खीर बनाई थी तुम्हारे लिए, वही लेकर आ गया..."

आरती देवी ने खीर की कटोरी ले ली और पास जाते हुए पार्टी के आदमी से कहा :

"सुनो..."

"जी..."

"यह मेरे कमरे में रखवा देना...!"

"जी हाँ..."

आरती देवी फिर से बिन्दा काका की तरफ़ मुड़ी।

"काका, मैं बाद में खा लूँगी..."

कहते-कहते आरती की आँखें भर आईं।

"अच्छा मैं चलता हूँ..."

बिन्दा जाने लगा...उसकी चाल से ऐसा लगा...अपनी बिटिया को छोड़कर जाना नहीं चाहता...तभी आरती देवी ने फिर से बुलाया।

"काका—आना मुझसे मिलने के लिए...मैं कुछ दिन यहाँ हूँ..."

"आऊँगा... !"

यह कहकर बिन्दा चला गया। आरती देवी उसको जाते हुए देखती रही और कुछ पुरानी यादें आँखों में उमड़ आईं...

14

फ़्लैशबैक

कश्मीर की वादियाँ, वह और जे.के.

इस मोड़ से जाते हैं
कुछ सुस्त क़दम रस्ते
कुछ तेज़ क़दम राहें
पत्थर की हवेली को
शीशे के घरौंदों में

तिनकों के नशेमन तक
इस मोड़ से जाते हैं...

आँधी की तरह उड़कर
इक राह गुज़रती है
शरमाती हुई कोई
क़दमों से उतरती है...
इन रेशमी राहों में
इक राह तो वह होगी
तुम तक जो पहुँचती है
इस मोड़ से जाते हैं...

इक दूर से आती है
पास आ के पलटती है
इक राह अकेली-सी
रुकती है न चलती है
यह सोच के बैठी हूँ
इक राह तो वह होगी
तुम तक जो पहुँचती है
इस मोड़ से जाते हैं...

15

जे.के. अपने कमरे मे पिछली यादों में खोए बैठे थे, जब दरवाज़े पर घंटी बजी। जे.के. ने जाकर दरवाज़ा खोला...और हैरान रह गया। सामने आरती देवी खड़ी थी। जे.के. एकटक देखते रह गए। आरती देवी भी जे.के. को वैसे ही देखती रही। फिर चेहरे पर थोड़ी-सी मुस्कुराहट उभरी

और बोली :

"बिल्कुल वैसे ही हो...ज़रा भी नहीं बदले...!"

"ज़रा कमज़ोर हो गया हूँ..."

"नहीं...कमज़ोर तो नहीं हो—तुम तो कभी कमज़ोर नहीं थे—सिर्फ़ दुबले हो गए हो कुछ..."

"दुबला ? *(हँसकर)* बूढ़ा हो गया हूँ...सफ़ेदी आ गई है बालों में...!"

"हूँ...बहुत अच्छा लगता होगा तुम्हें...तुम तो उन दिनों में भी झूठमूठ सफ़ेदी लगा लिया करते थे..."

दोनों हँस पड़े।

"तुम्हें याद है सब कुछ...!"

"तुम भी तो नहीं भूले—कमरे में सुराही देखकर ख़्याल आया—लेकिन यह नहीं सोचा कि तुम भी यहीं पर हो...बिन्दा आया तो *(कुछ सोचकर)* अन्दर आने के लिए नहीं कहोगे... ?"

काफ़ी देर से दोनों दरवाज़े पे खड़े-खड़े बातें कर रहे थे।

"हाँ...आओ..."

आरती देवी घर में घुसते ही इधर-उधर देखने लगी जैसे कुछ और जानना चाहती हो...बिना मुड़े पूछा...।

"ये मूँछें कब से रख लीं... ?"

जे.के. को ऐसे सवाल की उम्मीद नहीं थी। अपनी मूँछों को छूकर कहा।

"कुछ साल पहले *(हँसकर)* तुम्हें अच्छी नहीं लगती थी न ?"

"इसीलिए रख लीं ?"

जे.के. ने हँसकर जवाब दिया।

"नहीं...ये यूँ ही..."

"इतना साफ़ कौन रखता है घर को...?"

कुछ इस तरह पूछती है जैसे कोई दूसरी औरत जे.के. की ज़िन्दगी में हो।

"बिन्दा...!"

आरती को एहसास हुआ, उसका शक़ ग़लत था।

"ओह..."

चलते-चलते दोनों दूसरे कमरे की तरफ़ बढ़ गए। आरती घर को इस तरह देख रही थी जैसे कुछ खोज रही हो। आख़िर दरवाज़े को टेक लगाकर पूछ ही लिया :

"मन्नू नहीं है...?"

मन्नू उन दोनों के प्यार की निशानी, उनकी बेटी का नाम था।

"*(कुछ सोचकर)* शिमला में है—होस्टल में रहती है।"

"ओह..."

आरती उदास-सी हो गई।

"बाहर चलें—बाग़ में..."

"ऐं ?...हाँ..."

जे.के. और आरती कमरे से बाहर आ गए।

16

जे.के. और आरती देवी बग़ीचे में आकर बैठ गए, दोनों में एक ख़ामोशी थी...आरती पास पड़ी मैगज़ीन को उठाकर उसके पन्ने पलटने लगी। ख़ामोशी को तोड़ते हुए जे.के. ने पूछा :

"कुछ पिओगी ?...चाय-कॉफ़ी...?"

"हूँ...कॉफ़ी...!"

कॉफ़ी कहकर आरती को कुछ ख़्याल आया।

"लेकिन रात के वक़्त तुम्हें...कॉफ़ी परेशान करती है न..."

"अब नहीं करती *(हँसकर)* बिन्दा..."

नौकर को आवाज दी।

"बिन्दा..."

बिन्दा घर में से ही बोला :

"आया साहब..."

बिन्दा गार्डन में आया और आरती देवी को बैठा देखकर बहुत खुश हो गया।

"अरे बिटियाजी...आ गईं...?"

"कॉफ़ी पिलाओगे काका...?"

"हाँ, क्यों नहीं...लेकिन रात के वक़्त साहब के लिए..."

आरती फ़ौरन बोल पड़ी :

"अच्छी नहीं है न ?...मैं जानती थी...काका अदरकवाली चाय पिलाओ, जो हमेशा पिलाया करते थे..."

"*(खुश होकर)* हाँ...हाँ...यह ठीक रहेगा...देखा साहब, बिटियाजी अभी तक कुछ नहीं भूलीं...मैं अभी लाया..."

और बिन्दा खुश-खुश किचन में चला गया। जे. के. और आरती फिर से चुपचाप बैठ गए। ख़ामोशी को तोड़ते हुए जे.के. कहता है :

"आज बिन्दा बहुत खुश है...!"

"हूँ...कितने ढेर सारे बरस बीत गए...कितने सालों के बाद मिली हूँ तुम्हें..."

इतना कहकर आरती देवी खड़ी हो गई और ख़्यालों में खोई हुई बोली।

"शायद नौ...नौ साल हो गए न...?"

कुर्सी पर बैठे जे.के. ने आरती की तरफ़ देखा। जिसकी पीठ उसकी तरफ़ थी। आरती के हाथों में मुड़ी हुई मैगज़ीन थी जो उसने वहीं से उठाई थी...कुछ सोचते हुए जे.के. दूर हो गए।

"एक बार घर लौटी थी !...तुम जा चुके थे...! मैंने ही देर कर दी थी–! होटल भी गई थी...वह भी तुम छोड़ गए थे–जहाँ असिस्टेंट मैनेजर थे..."

"तुम्हारे बारे में तो मैं पढ़ता ही रहता था–पीछे सुना था–तुम्हारा टांसिल्स का ऑपरेशन हुआ था..."

"हाँ...हमारी ज़िन्दगी तो खुली किताब है...सब देख लेते हैं...जान लेते हैं...अपना, बिल्कुल अपना कुछ नहीं रह जाता इसमें..."

"क्या ख़ुश नहीं हो इस ज़िन्दगी से...काफ़ी कामयाब हो आज...बड़ा लम्बा रास्ता तय कर गई हो..."

आरती कुछ कहना चाहती थी–पर कुछ सोचकर नहीं कहा...जे.के. के क़रीब आते-आते बोली।

"तुम्हारे बारे में कभी कुछ नहीं सुन सकी...।"

"मैं बहुत पीछे रह गया हूँ.... !"

बिन्दा गरम-गरम अदरक की चाय लेकर आया। आरती जो अभी तक खड़ी थी बैठ गई।

"दो...मैं बनाती हूँ...अब लिखते नहीं...?"

चाय कप में डालते-डालते पूछा।

"चीनी...?"

"बहुत कम..."

जे.के. को एक पुराना वाकया याद आ गया। उनकी नई-नई शादी हुई थी जब...

17

फ़्लैश बैक

ख़ूबसूरत-सी नौजवान आरती देवी...खुले बालों में...जे.के. बिस्तर पर सो रहा था। और आरती उसके लिए चाय बना रही थी।

सुबह का वक़्त था। बिन्दा काफ़ी गरम-गरम दूध दे गया।

"*(छूकर)* गरम...ओह..."

"गरम है..."

बिन्दा चला गया...आरती ने चाय बनाई और कुछ शरारत सूझी उसे...गरम-गरम चाय की प्याली में जे.के. की उँगली पकड़कर डुबो दी। जलन से जे.के. हड़बड़ा कर उठा और जली हुई उँगली मुँह में ले ली। आरती ने पूछा।

"चीनी ठीक है ?"

"यह क्या तरीक़ा है जगाने का ?"

जली हुई उँगली को मुँह से निकाला।

"जगाने का नहीं...चीनी देखने का...दो बार पहले जगा चुकी हूँ...और मैं क्या करूँ..."

"जगाने के लिए यह रेडियो ऑन कर दिया करो।"

"वह फ़िल्मों में होता है घर में नहीं... !"

आरती के हाथ की तरफ़ इशारा करते हुए पूछा।

"यह क्या हुआ है ?"

जे.के. ने आरती का हाथ पकड़ा।

"देखें...?"

"कहाँ...?"

"इधर..."

"किधर—नहीं...नहीं..."

और जे.के. आरती की उँगली पकड़कर गरम चाय में डुबोने लगा ज़बरदस्ती, तभी कप की गरम-गरम चाय लुढ़क गई।

18

पिछली यादों में खोए जे.के. ने हॉल में घबराकर टेबल पकड़ लिया...जैसे गिरती हुई चाय को बचाने लगा हो।

आरती समझ नहीं पाई...

"क्या हुआ...?"

"कुछ...कुछ नहीं...!"

जे.के. मुस्कुरा दिया। आरती ने चाय बनाकर जे.के. को दी और शरारत भरे लहजे में पूछा।

"चीनी ठीक है...!"

जे.के. इसके जवाब में सिर्फ़ मुस्कुराकर रह गया।

"ठीक है...!"

"याद है...सुबह जगाकर जब मैं चीनी पूछा करती थी..."

"*(मुस्कुराकर)* याद है।"

"और एक बार टेबल उलट गया था—पैर पे... गिराया था खुद ही...मेरा नाम लगा दिया..."

19

फ़्लैश बैक

फिर से माजी की बात ! जे.के. बैठा हुआ था, और आरती दवाई लगा रही थी।

''मुझे तो शौक़ है—उबलता हुआ पानी अपने पैरों पर डालने का...''

''*(मद्धम आवाज़ में)* तो क्या हुआ पानी ही तो है...!''

''तो फिर जाओ जलते हुए कोयले ले आओ और डाल दो मेरे पैरों पर...किसी दिन तुम पर डालकर दिखाऊँगा...तड़का न लग जाए तो कहना...!!''

''खुद ही कहते थे...इंकलाबी आग पर चल सकते हैं...अब क्या हुआ...?''

''बिना कारण कोई आग में नहीं कूदता—बारह साल का था जब अपनी पार्टी के लिए गोली खाई थी।''

''तो अब क्यों पार्टी के खिलाफ़ हो...?''

''उस वक़्त इंकलाबी पार्टी थी...इंकलाब के लिए लड़े थे...''

''अभी भी तो इसीलिए फ़ाइट कर रहे हैं।''

''हूँ...हड़ताल, सत्याग्रह, भला इस तरह इंकलाब आता है ?''

''तुम मेरे साथ ख़मा़ख़्वाह...बहस मत शुरू करो... सिर्फ़ इसलिए कि तुम्हारे डैडी...वह...क्या...प्रदेश कमेटी के प्रेसीडेंट बन गए हैं...''

अपने पैर से उसका हाथ हटा देता है।

''छोड़ो इसको...हटो...''

''बड़ी देर लगाई आपने पैर खींचने में...!

"यह देखो...यह पॉलिटिक्स है...इसी को पॉलिटिक्स कहते हैं...इसीलिए इससे मुझे नफ़रत है।"

आरती हँस पड़ी और उठकर अलमारी के पास गई। जे.के. बोलता रहा।

"जहाँ ईमानदारी न चले...वहाँ मेरे लिए कुछ नहीं चलता।"

आरती ने अलमारी से तौलिया निकालकर जे.के. के ऊपर फेंका।

"अब आप जल्दी तैयार हो जाइए ... मुझे जाना है..."

जे.के. उठा—और उठते-उठते पूछा।

"अब आज कहाँ जाना है...?"

मायके..."

"फिर कोई काउंसिल का काम आ पड़ा..."

"थोड़ा-सा पिताजी का काम है, करके आ जाती हूँ..."

जे.के. टूथपेस्ट और ब्रश लेकर पेस्ट को ब्रश पर लगा रहा था, बोला :

"एक बेटा हो जाए...फिर देखता हूँ...तुम्हारे लिए कौन-सी काउंसिल बड़ी है। बाप की या बेटे की..."

आरती ने जे.के. को बाथरूम में धकेल दिया।

"जाओ न..."

आरती फिर अलमारी के पास चली गई। जे.के. कुछ सोचते हुए बाथरूम से बाहर निकला और बोला।

"आरती...मैं सोच रहा था, अगर बेटा न हुआ बेटी हुई तो...!"

"उफ़...जल्दी करो न...पिताजी वेट कर रहे होंगे...!"

जे.के. फिर से बाथरूम में चला गया और दूसरे

पल फिर निकलकर आया।

"*(हँसते हुए)* एक बड़ा मज़ेदार किस्सा सुनाता हूँ...जब मैं बारह साल का था तो..."

आरती ने गुस्से में जे.के. को बाथरूम में धकेल दिया।

"तुम तो सारी ज़िन्दगी बारह साल के ही रहोगे...चलो...चलो..."

आरती जे.के. को धक्का देते हुए ख़ुद भी बाथरूम में चली गई।

20

आरती अपने पिता के घर पहुँची तो बोस साहब बोले :

"आज फिर देर कर दी तुमने...मालूम नहीं था मीटिंग में जाना है..."

"उन्हें ऑफ़िस जाने में देर हो गई डैडी..."

"उसके जाने से तुम्हारे आने का क्या ताल्लुक़ है...?"

बोस अपनी बड़ी-सी कुर्सी पर बैठे थे। हाथ में एक किताब थी। दीवार पर गांधीजी की तस्वीर लगी हुई थी।

"नाश्ता, वग़ैरा...करा के आती हूँ न...नहीं तो वहीं होटल में जा के नाश्ता करेंगे!"

"क्यों बिन्दा नहीं है घर पर?"

"बिन्दा है...लेकिन नाश्ता मुझे ख़ुद ही खिलाना पड़ता है।"

"ओह...क्या हाथ से खिलाना पड़ता है?...बच्चा है अभी?"

"नहीं डैडी...लेकिन बचपना बहुत है सच्ची...बच्चों की तरह ऊधम मचाया करते हैं घर में..."

.

21

जे.के. बाथरूम में से नहाकर निकला, बड़ा दुखी था, पाजामे का नाड़ा निकल गया था और वह डाल नहीं पा रहा था। पाजामा लेकर वह आरती के पास आया जो किचन में कुछ काम कर रही थी।

"आरती बहुत ट्राई किया।...Sincerely ट्राई किया पर यह हो नहीं रहा है। डाल दो न नाड़ा..."

गुस्से से आरती बोली।

"ओफ़्फ़हो...एक तो आपके नाड़े ने परेशान कर रखा है। रस्सी पकड़कर पहाड़ चढ़ जाते थे और..."

फ्रिज से दो अंडे निकाले तो जे.के. बच्चे की तरह उसके पीछे-पीछे पाजामा और नाड़ा लिए हुए आ गया।

"एक नाड़ा पाजामे में नहीं डाल सकते हैं।"

"देखो पहाड़ चढ़ना और पाजामे में नाड़ा डालना, यह दोनों अगल-अलग बातें हैं।"

आरती चूल्हे के पास गई, जलाने लगी। बात भी सुनती जा रही थी।

"हॉकी खेलते हुए मैं गोल तो मार सकता हूँ... लेकिन सुई में धागा नहीं डाल सकता...इसका मतलब यह नहीं हुआ..."

"कुछ नहीं हो सकता तुम से !"

आरती ने गैस बन्द किया और जे.के. से

पाजामा और नाड़ा दोनों ले लिए।

"दीजिए, पाजामा दीजिए..."

"देखो यह मत कहना...कुछ नहीं हो सकता है... ऐसी कविता लिख सकता हूँ कि तुम झूमकर दोबारा शादी करने को तैयार हो जाओगी... सुनाऊँ...?"

"नहीं...नहीं...मुझे और बहुत काम है।"

"मसलन...ऐसे और कौन से काम हैं जो मेरी कविता से ज्यादा Interesting हैं।"

"यही आपके पाजामे में नाड़ा डालना..."

"अरे...भगवान...कहाँ मेरी कविता और कहाँ नाड़ा, सारी इमेज ख़राब कर दी...लाओ..."

जे.के. पाजामा लेकर चला गया।

22

बिन्दा काका किचन में आए तो—आरती ने, दबी आवाज़ में उन्हें बुलाया और कहा :

"बिन्दा काका..."

"क्या बात है..."

आरती ने एक काग़ज़ का टुकड़ा दिया जिस पर कुछ लिखा था।

"जल्दी से यह तार दे आओ !"

"तार...? किसके नाम ?"

"तुम्हारे साहब के नाम...होटल..."

बिन्दा हैरान रह गया।

"दोपहर की ड्यूटी है न...दो घंटे में मिल जाएगा..."

बिन्दा हँसकर कहता है।

''अरे साहब तो यहाँ कमरे में बैठे हुए हैं...तार देने की क्या ज़रूरत है।''

आरती ने धीरे से चुप रहने को कहा।

''सुन लेंगे...उन्हें पता नहीं चलना चाहिए...जल्दी जाओ काका...''

बिन्दा काका चला गया।

23

जे.के. होटल के रिसेप्शन पर था और फ़ोन पर किसी से बात कर रहा था–तभी पास खड़ा उसका साथी बोला।

''गुड मॉर्निंग...यार तेरा तार आया है।''

जे.के. ने तार हाथ में लिया और चौंक पड़ा।

''ओह...नो...''

''क्या हुआ...बात क्या है... ?''

(हँसते हुए)

''यार My wife has got a classic sense of humour मैं बाप बननेवाला हूँ...''

''बाप बननेवाले हो... ?''

खुश होकर हाथ मिलाया जे.के. से।

''कांग्रेचुलेशन्स...लेकिन इसमें सेंस ऑफ़ ह्यूमर वाली बात समझ में नहीं आई।''

''यार...यही बात मुझे घर पर भी बता सकती थी...टेलीग्राम भेजा है...!''

दोनों हँस पड़े।

''एक काम कर...''

''बोलो...''

''तू भी एक टेलीग्राम भेज दे...सबसे पहले उसे

कांग्रेचुलेट करना...और फिर लिखना मैं रात को ठीक साढ़े नौ बजे घर पहुँच रहा हूँ...तब तक लड़का तैयार चाहिए...''

दोस्त जे.के. की इस बात पर हँस पड़ा।

''अरे आज के आज पैदा हो जाएगा क्या ?...नौ महीने लगते हैं पैदा करने में... !''

''You don't know my wife यार...वह महीनों का काम दिनों में करती है...She does it like that...''

(चुटकी बजाकर बताता है)

24

एक कमरा खूबसूरत सजा हुआ। एक छोटा- सा खिलौना ताली बजा रहा था। आरती लेटी है और उसके बग़ल में उनका बच्चा लेटा था।

जे.के. ने खिलौना उठाते हुए कहा।

''बस...बस...''

''कुछ नाम सोचा है बेटी के लिए... ?''

जे.के. कुछ सोचकर बोला।

''मनोरमा...''

''छिः...उस मोटी का ख़्याल आता है...मुझे अच्छा नहीं लगा...''

''पूरा नाम लेकर थोड़ा ही बुलाया करेंगे...छोटा-सा बुलाएँगे...मन...''

''वह तो बहुत छोटा है...''

''दो बार बुलाया करेंगे...मन...मन...''

''ऊँह...लगता है कोई घंटी बजा रहा है।''

''*(हँसते हुए)* तो फिर ,मन्नू बुलाया करेंगे !''

आरती और जे.के. माज़ी से वापस लौट आए। आरती ने पूछा :

"मन्नू को हॉस्टल कब भेजा ?"

"तीन साल हो गए...बड़े...अच्छे-अच्छे तोतले ख़त लिखती है वहाँ से..."

"दस साल की हो गई होगी... ।"

"हाँ, December में ग्यारह पूरे करेगी– !"

फिर से दोनों में ख़ामोशी छा गई। आरती देवी ने चाय की केतली छूकर देखा।

"ठंडी है और मँगाऊँ...?"

"नहीं...अब मैं चलूँ..."

और यह कहते हुए आरती चलने के लिए खड़ी हो गई। पास पड़ी शॉल उठाकर जे.के. ने आरती को ओढ़ा दी। दोनों वहाँ से बाहर के गेट की तरफ़ बढ़ गए। बाहर गेट पर आरती ने कहा :

"तुम ठहरो, मैं चली जाऊँगी..."

"चलो, मैं पहुँचा देता हूँ..."

"न चलो तो अच्छा है...मैं नहीं चाहती लोग जानें हमारे बारे में..."

"हाँ...हाँ...मैंने भी यही सोचा था। सुबह इसीलिए तुमसे मिलने नहीं आया...लेकिन...ठीक है..."

आरती देवी अपने कमरे की तरफ़ अकेली चली गईं। जे.के. वहीं खड़ा उसको जाते हुए देखता रहा।

26

चन्द्रसेन अपने ऑफ़िस में दाख़िल हुआ और... अपनी पार्टी के कारकुन को आवाज़ दी...

"करतार..."

"जी..."

"हमारा अख़बार निकालने के लिए कोर्ट से declaration ले लिया...?"

"जी हाँ सब कुछ तैयार है—और देखिए आज तो 'ज़माना' का ब्लॉक भी बनकर आ गया।"

"अच्छा नाम है 'ज़माना'...ज्ञानी से मेरी बात हो गई है, लेकिन कोई भरोसा नहीं उसका...इन अख़बारवालों को भी अक़्ल की बड़ी बीमारी होती है। सोचने से बाज़ नहीं आते हैं। अगर ज्ञानी ने गड़बड़ की तो उसी दिन से हम अपना 'ज़माना' शुरू कर देंगे..."

"इसके लिए funds की बहुत ज़रूरत पड़ेगी—और इतना पैसा...?"

"देखो इसके लिए भी मैं अग्रवाल से बात करूँगा। अगर उनकी पेपर मिल्ज़ से पेपर क्रेडिट पर मिल जाए...तब तो कोई मुश्किल नहीं होगी..."

"जी नहीं, फिर तो कोई मुश्किल नहीं..."

"अच्छा यह ज्ञानी का पेपर है न 'वतन', इसका पेपर कौन सप्लाई करता है ?"

"जी मेरा ख़्याल है, अग्रवाल मिल ही सप्लाई करता है।"

"अगर ऐसी बात है, तब ज्ञानी कोई गड़बड़ नहीं करेगा, बेफ़िक्र रहो...देखता हूँ...इस बार किसकी न्यूज़ छपती है फ्रंट पेज पर...मेरी या आरती देवी की ?"

27

आरती देवी अपने कार्यकर्त्ताओं के साथ किसी मीटिंग में जा रही थीं।

सर पर पल्लू और आँखों पर काला चश्मा लगाए, जब बनदेव ने कहा :

"आरती देवी...मेरा ख़्याल है, पुलिस का इन्तज़ाम किए बग़ैर, आपको जाना नहीं चाहिए..."

"*(मुस्कुराते हुए)* आपको डर लगता है ?"

"नहीं ! मेरा मलतब है...फिर भी ठीक रहता—कहीं दंगा हो जाए, फ़साद हो जाए, चन्द्रसेन का इस इलाक़े में काफ़ी ज़ोर है...और उसके आदमी कुछ भी कर सकते हैं।"

लल्लू लाल ने, जो अगली सीट पर बैठे थे, कार के पीछे मुड़कर देखा...शहर के अलग-अलग रास्तों से कारों का क़ाफ़िला जा रहा था। चन्द्रसेन का इलाक़ा होने की वजह से 'चन्द्रसेन ज़िन्दाबाद' के नारे लग रहे थे।

वोट फ़ॉर चन्द्रसेन !

वोट फ़ॉर चन्द्रसेन !

यही नारे चारों तरफ़ गूँज रहे थे।

आरती देवी की कार आगे बढ़ी—सड़क को पत्थरों और लकड़ियों से बन्द कर रखा था—ऊपर से चन्द्रसेन के नारे लग रहे थे। आरती देवी की कार रुक गई। लल्लू लाल गाड़ी से उतरे और अपने पार्टी वर्कर्ज़ को बुलाया—सड़क साफ़ करने के लिए...

पब्लिक आरती देवी मुर्दाबाद के नारे लगाने लगी। क़ाफ़िला आरती देवी का थोड़ा और आगे बढ़ा। फिर सड़क पर रुकावट के लिए पत्थर,

लकड़ी, झाड़ वगैरह पड़े नज़र आए। आरती देवी की कार एक जगह रुक गई।

चारों तरफ़ नारे सुनाई देने लगे।

पंछी उड़ जा...!

पंछी उड़ जा...!

लल्लू लाल कार से बाहर निकले और आरती देवी से कहा :

''मैडम, यह रास्ता ब्लॉक है...ऐसे ब्लॉकेड आगे और भी मिलेंगे।''

''कोई बात नहीं, पैदल चलेंगे...मीटिंग अटैंड करना बहुत ज़रूरी है।''

सभी लोग आरती देवी के साथ पैदल चल पड़े। कारों का क़ाफ़िला वहीं रुक गया...

एक भीड़ जो साथ चल रही थी उसने गाना शुरू कर दिया।

आरती मान मानती,
कहना क्यों नहीं मानती,
पाठशाला में छुट्टी हो गई।
बस्ता क्यों नहीं बाँधती
बस्ता क्यों नहीं बाँधती
बस्ता क्यों नहीं बाँधती

भीड़ आरती देवी के पीछे चलने लगी, और तालियों की ताल पर गाने लगी।

सलाम कीजिए आली जनाब आए हैं
ये पाँच सालों का देने हिसाब आए हैं
आ-सलाम कीजिए
आ-सलाम कीजिए
आ-सलाम कीजिए...आली जनाब आए हैं

हमारे वोट ख़रीदेंगे हमको अन्न देकर

ये नंगे जिस्म छिपा देते हैं कफ़न देकर
ये जादूगर हैं, ये चुटकी में काम करते हैं
ये भूख-प्यास को...बातों से राम करते हैं
हमारे हाल पे लिखने ये किताब आए हैं
सलाम कीजिए...आली जनाब आए हैं
ये पाँच सालों का देने हिसाब आए हैं

हमारी ज़िन्दगी अपनी है, आपकी तो नहीं
यह ज़िन्दगी है ग़रीबी की, पाप की तो नहीं
ये वोट लेंगे मगर अब के यूँ नहीं लेंगे
चुनाव आने दो हम आपसे निपट लेंगे
कि पहले देख लें क्या इंकलाब लाए हैं ?

सलाम कीजिए आली जनाब आए हैं
ये पाँच सालों का देने हिसाब आए हैं

आरती देवी रुकी नहीं तो गाने के बीच में ही पत्थरबाज़ी शुरू हो गई। एक पत्थर आरती देवी के माथे पर लगा और ख़ून निकल आया। लल्लू लाल ने गाड़ी मँगवाई और आरती देवी को कार में बिठाकर निकल गए। आरती देवी होटल के अन्दर गईं तो गुरुसरन ने आकर लल्लू लाल से कहा :

''जल्दी किसी डॉक्टर को बुलाइए...''

''भइए, पहले प्रेस को तो पहुँचने दो—बुलाना है तो किसी फ़ोटोग्राफ़र को बुलाओ—ऐ भइया।''

एक पार्टी वर्कर को बुलाया।

''ऐ...भइए होटलवालों को कहो किसी डॉक्टर को भेज दें...भइए ज़रा उड़ने दो न ख़बर को...आग लगी है, अब उसे हवा दो...जलने दो, भड़कने दो। ख़ामख्वाह छींटे मार-मार के धुआँ-धुआँ कर दोगे—और अपनी आँखें ख़राब कर लोगे।''

28

अमृत जे.के. का सहायक था। जेके. के पास उसके केबिन में पहुँचा...

"सर—आरती देवी ज़ख़्मी हो गई हैं !"

यह सुनकर जे.के. घबरा गया।

"चन्द्रसेन ने पत्थर मारे...!"

"चन्द्रसेन ने...?"

"जी, मेरा मतलब है चन्द्रसेन की पार्टी ने...वो क़ादरपुर में मीटिंग अटेंड करने गई थीं...ऑपोज़ीशन वाली पार्टी ने पत्थर फेंकने शुरू कर दिए और सुना है वह काफ़ी घायल हो गई हैं..."

"इस वक़्त कहाँ है...वह..."

"ऊपर, अपने कमरे में..."

जे.के. फ़ोन की तरफ़ बढ़ता है, कुछ सोचकर रुक जाता है और कहता है :

"तुम जल्दी से डॉक्टर गोखले को ले आओ—"

"यस सर..."

"मेरी गाड़ी ले जाओ..."

जे.के. टेलीफ़ोन के पास जाता है, उठाया—डायल करना चाहा फिर कुछ सोचकर रुक गया।

29

प्रेसवाले अपनी-अपनी कारों से आशियाना होटल पहुँचने लगे, जहाँ आरती देवी रह रही थीं। जे.के. भी मिलने के लिए आरती देवी के पास पहुँचे। आरती देवी के कमरे के बाहर गुरुसरन ने पार्टी के आदमी को समझाया।

"सुनो...अन्दर प्रेस कांफ्रेंस चल रही है, किसी को अन्दर नहीं जाने देना..."

जे.के. आरती देवी के कमरे के बाहर पहुँचा।

पार्टी के आदमी ने रोका।

"मैं ज़रा...आरती देवी को एक मिनट के लिए देखना चाहता हूँ..."

"आप कहाँ से आए हैं ?"

"मैं इस होटल का मैनेजर हूँ..."

"देखिए...आप थोड़ी देर बाद, आकर मिल लीजिए अभी वह प्रेस के साथ बिज़ी हैं।"

"सिर्फ़ एक मिनट के लिए..."

"प्लीज़ *(हाथ जोड़कर)* डिस्टर्ब मत कीजिए।"

कुछ सोचकर जे.के. वहाँ से चला गया।

30

अन्दर कमरे में आरती देवी प्रेसवालों से बात कर रही थीं। उनके माथे पर पट्टी बँधी थी जिससे ख़ून छलक रहा था, ख़ून की कुछ बूँदें उनके ब्लाउज़ पर भी पड़ी थीं।

"जनता को क्या ज़रूरत है मुझ पर या किसी भी उम्मीदवार पर पत्थर फेंके ?...पत्थर वह उठाते हैं जिन्हें दूसरों की शक्ति से डर लगता है, जो डरपोक हों—जिन्हें अपने आप पर भरोसा न हो। जनता क्यों पत्थर उठाएगी ? जनता के हाथ में तो बहुत बड़ी ताक़त है, बहुत बड़ी शक्ति है वोट की—जिसे वह पसन्द न करे उसे बग़ैर कुछ कहे निकालकर बाहर कर सकती है..."

प्रेस रिपोर्टर ने अगला सवाल किया।

''आपके ख़्याल में यह काम चन्द्रसेन का है या गुलशेर ख़ान का ?''

''यह काम नफ़रत का है, छोटेपन का है, और किसी का नहीं है।''

''यह नफ़रत जनता की नहीं हो सकती है ?''

''अगर जनता को मुझ से नफ़रत होती तो...एक लाख की जनसंख्या उस कड़ी धूप में, उस मीटिंग में न पहुँचती—जहाँ चार घंटे तक, मेरा इन्तज़ार करने के बाद, उन्हें मायूस, निराश लौटना पड़ा। अगर जनता को मुझसे नफ़रत है, तो मुझे हटाने के लिए, उन्हें मुझसे इजाज़त नहीं लेनी पड़ेगी। जनता काम और कर्त्तव्य दोनों जानती है। काम और कर्त्तव्य उन्हें सीखना पड़ेगा, जिन्हें डेमोक्रेसी पर भरोसा नहीं रहा, जो ईंट और पत्थर से अपना चुनाव करवाना चाहते हैं।''

''Violence in not a part of Politics ?''

''Certainly, it is part of bad politics.''

''कहते हैं मुहब्बत और जंग में सब जायज़ होता है ?''

''जी हाँ बिल्कुल सही...मैं सिर्फ़ इतना ही पूछना चाहूँगी अपने विरोधी भाइयों से, कि हम इलेक्शन लड़ रहे हैं या जंग—अगर यह जंग है तो गुलेल और पत्थर जैसे पुराने prehistoric हथियार क्यों इस्तेमाल कर रहे हैं ? बन्दूक और पिस्तौल क्यों नहीं इस्तेमाल करते ?...अगर यह जंग नहीं, मुहब्बत है, तो इस प्यार भरी निशानी के लिए मेरा शुक्रिया उन तक पहुँचा दीजिए।''

सभी प्रेसवाले यह सुनकर हँस पड़े। तभी लल्लू लालजी डॉक्टर को लेकर आ गए...।

''देवीजी—आप अपने आप पर ज्यादा स्ट्रेन मत

डालें—मैं डॉक्टर साहब को लेकर आया हूँ...आप पट्टी बँधवा लीजिए...''

आरती देवी प्रेसवालों से इजाज़त लेकर अपने पर्सनल कमरे में चली गईं।

''Excuse me.''

''*(डॉक्टर से)* आप भी जाइए...''

आरती देवी जैसे अपने पर्सनल कमरे के दरवाज़े पर पहुँची वैसे ही एक प्रेसवाले ने सवाल किया।

''Excuse me...One more question please...''

''*(रुककर)* यस ?''

''यह जो दुर्घटना हुई है...इसके लिए आप किसे दोष देंगी ?''

''यक़ीनन यह दोष किस्मत का नहीं है—और न ही उन पत्थरों का है, जो चुपचाप रास्ते पर पड़े थे, और अचानक उठकर मेरे सर पर बरसने लगे। यक़ीनन कुछ हाथ उन्हें उठाने के लिए बढ़े होंगे, कुछ हाथ उन्हें फेंकने के लिए लहराए भी होंगे... लेकिन उन हाथों को थामना या उन्हें काटकर फेंक देना, मेरा काम नहीं है...जनता का है...!''

31

एक अख़बार टेबल पर आकर गिरा जिसके 'फ्रंट पेज' पर आरती देवी की फ़ोटो छपी थी। माथे पर...पटटी बँधी थी...चन्द्रसेन अपने पार्टी वर्कर्ज़ को कह रहा था :

''पढ़ा इसे...'Aarti blames opposition !'...My foot !''

गुस्से में चन्द्रसेन शेर की तरह दहाड़ता हुआ अपने ऑफ़िस में चहलकदमी करने लगा।

"जैसे कि, हमने पत्थर फेंके हैं...और ज्ञानी को देखो...फिर फ्रंट पेज पर तस्वीर छापी है इस औरत की..."

करतार ने सुझाव दिया।

"मेरा तो ख़्याल है कि आग भी एक प्रेस कांफ्रेंस बुलाइए और अपनी पोज़ीशन साफ़ कर लीजिए।"

चन्द्रसेन गुर्राया।

"मैं...?"

"जी हाँ..."

"प्रेस कांफ्रेंस बुलाऊँ ?"

"जी हाँ..."

"अपनी सफाई देने के लिए...?"

"हाँ...हाँ जी..."

"यानी कुल्हाड़ी नहीं लगी पाँव पर...तो पाँव कुल्हाड़ी पर दे मारूँ...हैं ?"

दूसरे वर्कर ने कहा।

"लोग तो यही समझेंगे कि दंगा हमने कराया..."

"यही बात तो वह सब लोगों पर साबित करना चाहती हैं कि शान्तिप्रिय नेता तो एक सिर्फ़ वही है, हम सब तो गैंगस्टर हैं...गुंडे हैं। डेमोक्रेसी तो सिर्फ़ एक वही जानती है—हम सब तो अनपढ़ हैं।"

करतार ने पूछा।

"लेकिन यह दंगा हुआ कैसे...?"

"जनता ने खुद किया होगा।"

चन्द्रसेन समझाते हुए :

"देखिए साहब, जनता खुद कभी कुछ नहीं करती। जब तक कोई शह देनेवाला न हो।"

"इसका मतलब तो, यह हुआ कि यह सब गुलशेर

ख़ान ने किया होगा...?"

"और क्या...ऐसे-ऐसे अनाड़ी चले आते हैं पॉलिटिक्स में...और मुसीबत हमें भुगतनी पड़ती है...इस ज्ञानी को तो मैं देख लूँगा–फिर फ़्रंट पेज पर तस्वीर छापी है।"

32

आरती देवी अपने होटल के कमरे में लल्लू लाल के साथ बैठी थीं। उन्होंने कहा :

"अगर आँख में लग जाती तो...?"

"कैसे लग जाती ?...मारो घुटना फूटे आँख ! ऐसे कामों के लिए एक्सपर्ट लोग रखने पड़ते हैं और फिर देवीजी इस देश में ज़िन्दा लोगों की इतनी क़दर नहीं होती, जितनी शहीदों की क़दर होती है। इसीलिए तो पथराव करवाया था। कुछ ख़ून के छींटे उड़ेंगे तो लोगों को आप से हमदर्दी होगी और अख़बारों में हैडलाइन मिल जाएगी...

"आप भी काफ़ी Expert लगते हैं।"

"हाँ...आज तक 23 इलेक्शन लड़ चुका हूँ–एक नहीं हारा..."

"23...तेईस ?"

"हूँ...हूँ..."

"कुल पाँच तो जनरल इलेक्शन हुए हैं अब तक..."

"अजी यह तो...पानीपत की लड़ाई है...बीच में छोटी-मोटी बटेर बाज़ियाँ भी होती रहती हैं। जैसे म्यूनिस्पल इलेक्शन, पंचायत प्रधान इलेक्शन, ट्रेड यूनियन के इलेक्शन, ऐसे मौक़ों पर यही लोग तो काम आते हैं।"

तभी फ़ोन की घंटी बजी। आरती देवी ने खुद उठाया...।

"हलो..."

दूसरी तरफ़ से जे.के. फ़ोन की लाइन पर था।

"आरती..."

"*(पहचान कर)* ज़रा आप होल्ड कीजिए...!"

लल्लू लाल से बोलीं।

"आप गुरुसरन जी से प्रोग्राम तय कर लीजिए, वह नीचे ऑफ़िस में गए हैं...आएँगे तो मैं पूछ लूँगी..."

"अच्छी बात है...नमस्ते..."

नमस्ते करके लल्लू लाल कमरे से बाहर चले गए और आरती देवी फ़ोन पर लौटीं।

"हलो..."

"कल तुम से मिलने की बहुत कोशिश की लेकिन...काफ़ी रात तक तुम मसरूफ़ थीं—"

"हाँ...बहुत Visitors थे।"

"अब तबीयत कैसी है...?"

"कोई फ़िक्र की बात नहीं...बहुत मामूली-सी चोट आई है...शाम तक निशान भी नहीं रहेगा..."

"लेकिन पेपरों में तो बहुत कुछ लिखा है..."

"उस पर मत जाना...हवा कुछ ज़्यादा ही दी गई है। तुम तो जानते हो...क्यों..."

जे.के. ने कुर्सी पर पीछे टेक लगा ली...

"हाँ जानता हूँ..."

"गुरुसरन जी से पता चला तुम कल आए थे... चौधरी साहब ने मिलने नहीं दिया...गुरुसरन जी पहचानते हैं तुम्हें..."

"आज दोपहर को तो मिल रही हो न...? बिन्दा तुम्हारे लिए साग बना रहा है...तुम्हें पसन्द है

न...?''

''दोपहर को मैं नहीं रहूँगी...लेकिन रखवा देना, रात को तुम्हारे साथ खाना खा सकती हूँ ?

''हाँ...क्यों नहीं। कब आओगी ?''

''हूँ...हूँ..''

यह कहते-कहते आरती की आँखें भर आईं।

''घर पर ही खाऊँगी...मैं जब तक यहाँ हूँ बिन्दा काका से कह देना—घर पर ही खाया करूँगी।''

यह कहते-कहते आरती देवी अपने आँसू रोक नहीं पाईं...और फ़ोन रख दिया। उदास मन से दूसरी तरफ़ जे.के. ने भी फ़ोन रख दिया।

33

होटल के गार्डन में आरती देवी की पार्टी चल रही थी। जे.के. लोगों को विश करते हुए पार्टी में दाख़िल हुए। एक अजनबी की तरह जे.के. ने आरती देवी को भी विश किया।

''गुड इवनिंग—गुड इवनिंग।''

आरती से।

''हलो मैडम, How are you ? ''

अपने को सँभालते हुए बोलीं।

''I am fine, thank you.''

''How is the head, I mean the injury in the head ?''

जे.के. ने झुककर ज़ख़्म को बग़ौर देखा।

''यहाँ कनपटी पे लगी थी... ?''

''नहीं...लगी सिर पर थी...यहाँ ज़रा कट गया था।''

और हाथ से दिखाया।

"फिर भी तुम्हें जाना नहीं चाहिए था...ऐसी जगह पर..."

"क्या करती ?...काम ही ऐसा है..."

"हाँ...मैं जानता हूँ..."

जे.के. दूसरे लोगों से, जो वहाँ बैठे थे, उनसे नज़र छिपाकर बात कर रहे थे...बीच में इधर-उधर भी देख लेते थे, ताकि खामख्वाह किसी बदनामी का बाइस न बन जाएँ।

"रात को घर पर आ रही हो न–खाना खाने?"

"हाँ...जल्दी फ्री हुई तो...खाना आकर पकाऊँगी।"

"अच्छा–आता है अभी तक... ?"

"तो क्या समझते हो..."

"ठीक है रात को देखेंगे..."

इतना कहकर...जे.के. जैसे आगे बढ़े उनके पैरों से शराब का गिलास लगा और वह गिर गया।

जे.के. ने आरती देवी की तरफ़ देखा...

"I am sorry. दूसरा बना दूँ... ?"

"मुझे नहीं चाहिए !...उन लोगों ने रख दिया था मैंने मना किया..."

जे.के. ने फिर एक पुराने वाक़ये की याद दिलाई।

"कोका कोला भिजवाऊँ...?"

"कौन-सा कोका कोला ?"

"वही...जो पहली बार पी के मिली थीं..."

"तुम्हें याद है अब तक ?"

"पहली मुलाक़ात कोई भूलता है कभी...!"

34

फ़्लैश बैक

आरती देवी शादी से पहले जे.के. के होटल में, रात के वक़्त लड़खड़ाते हुए पहुँची थीं–और रिसेप्शन पर खड़े जे.के. ने आरती को देखकर पूछा।

"यस...?"

"*(नशे में)* Can I get a room here ?"

"Want a Single or double room ?"

"I Want a room !"

गुस्से में आरती ने अपना हाथ रिसेप्शन की टेबल पर मारा–जे.के. उसको इस हालत में देखकर समझ गया कि मेम साहब ने कुछ ज़्यादा ही पी रखी है।

"Give me.."

जे.के. ने आरती के हाथों को पकड़ लिया जिन्हें वह रिसेप्शन की टेबल पर मारनेवाली थी।

"Room–कमरा चाहिए आपको...ठीक है...हाथ क्यों तोड़ रही हैं... ?"

जे.के. चाबी उठाने के लिए मुड़ा तो उसके साथी ने बताया।

"जे.के ! मालूम है यह कौन है ?"

"कौन ?"

"आरती...मेयर साहब की बेटी... ।"

यह सुनकर जे.के. ने आरती को ध्यान से देखा।

"मेयर की बेटी ? के. बोस की ? तुम्हें कैसे मालूम ?"

"हूँ...उनके साथ कई बार देखा है...मीटिंग में...वही हैं..."

35

जे.के. आरती को लेकर होटल के कमरे में चला गया...सँभाल कर...आरती बड़बड़ाई...

"They played fool game with me.

How can I go home like this."

आरती कुछ होश में रहने की कोशिश कर रही थी ?

"कार कहाँ है...?"

"कार...? किसकी कार...?"

"मेरी Fiat car ?"

"वह नीचे होगी...आइए..."

"ऊपर लाओ..."

"कार...?"

"हाँ...!"

"ऊपर लाऊँ...?"

"हाँ...!"

"कैसे...?"

"ट्रे में लेकर आओ..."

36

थोड़ी देर बाद जे.के. को वेटर ने ख़बर दी। आरती देवी के कमरे से पानी बाहर निकल रहा है। जे.के. ने डुप्लीकेट चाबी ली और कमरे में पहुँचा। बाथरूम में जाकर नल बन्द किया और देखा बाथ टब में आरती देवी बेहोश पड़ी थीं...या सोई थीं। और कपड़े सारे कमरे में बिखरे पड़े थे।

37

दूसरे दिन सुबह-सुबह जे.के. आरती के कमरे में पहुँचा, हैंगर में कपड़े प्रेस करवा के...आरती देवी चादर से अपने शरीर को ढँककर बैठी थीं।

दरवाज़े पर जे.के. ने घंटी बजाई। अन्दर से आवाज़ आई।

"Come in."

"गुड मार्निंग।

और साड़ी ब्लाउज़ ले जाकर अलमारी में टाँग दिए।

"आपके कपड़े उतारकर ले गया था।"

"किसने उतारे ?"

घबराकर आरती चादर से और लिपट गई।

"जी...? कुछ पूछा आपने ?"

"ये कपड़े उतारे किसने...?"

"कहाँ से...?...आपने यह नहीं पूछा...!"

टेबल लैम्प जो पास ही गिरा पड़ा हुआ था ठीक करते हुए बोला।

"आप इस बिस्तर पर कैसे पहुँचीं ? कौन उठाकर लाया... ?"

"कहाँ से लाए मुझे...?"

जे.के. हाथ में बल्ब लेकर देख रहा था कि फ़्यूज़ तो नहीं हो गया।

"बाथरूम से, जिस हालत में आप इस वक़्त हैं, उसी हालत में..."

"नो...!"

"यस...!"

"आप..."

आरती के चेहरे पर घबराहट नुमायाँ हुई, कि

इस आदमी ने मुझे...

''कल रात आपने ज़्यादा पी रखी थी...धुत्त हालत में काउंटर पे कमरा माँगने आई थीं...कमरे में आने के बाद, शायद नशा उतारने के लिए आप नहाने गई हों, सारे नल-वल खोलकर, वहीं टब में जाकर आप अंटा ग़फ़ी हो गईं...जी हाँ, उसे सोना नहीं कहते उसे कहते हैं नशे में बत्ती बुझ गई...गुल हो गई।''

आरती शर्म से पानी-पानी हो रही थी। उसके पास कहने को एक लफ़्ज़ भी नहीं था।

''और एक क्लर्क से पता चला कि आप किसकी बेटी हैं। इसलिए आपके घर पे...ख़बर नहीं की...''

आरती देवी की रुकते-रुकते साँस में साँस आई।

''इसलिए कि आपके लिए शायद ठीक न हो...अब आप कपड़े बदल लीजिए...मेरा मतलब है कपड़े पहन लीजिए, आइन्दा अपने साथ गाड़ी में एक Extra जोड़ा रखिए।''

''I am sorry...मैं पीती नहीं, कल एक पार्टी में, किसी ने शरारत की मेरे साथ—कोका कोला में मिलाकर पिलाता रहा...चार-पाँच कोका कोला पी गई...जब नशा महसूस हुआ तो, मैं वहाँ से निकल आई...लेकिन गाड़ी में महसूस हुआ घर जाने जैसी हालत नहीं है। समझ में नहीं आया, कहाँ जाऊँ ! घबराहट में छिपना चाहती थी, इसलिए यहाँ आ गई। गाड़ी खड़ी करने तक तो, याद है मुझे।''

''आप उसे गाड़ी खड़ी करना कहती हैं ?''

''मतलब ?''

''एक पहिया पटरी पर...एक गमले में...बाक़ी दो जो सड़क पर थे, उनमें से एक पंचर था।''

"ओह...नो...!"

"यस...!"

"ओए (घबराहट)"

"Anyway आपकी गाड़ी तैयार करवा दी है। अब नीचे आएँगी तो देख लीजिएगा।"

इतना कहकर जे.के. कमरे से बाहर गया।

38

जे.के. और आरती होटल से बाहर निकले। जे. के. उन्हें कार तक पहुँचाने आया। कार का दरवाज़ा खोलकर कहा।

"यह रही आपकी गाड़ी...और वह रहे हमारे गमले...बेचारे !"

"I am sorry *(मुस्कुराकर)*"

"यह रही आपकी गाड़ी की चाबी !"

"I am very very thankful to you."

"All right madam, मैं बिल भिजवा दूँगा।"

"ओह...मैं..."

आरती पर्स से पैसे निकालकर देना चाहती थी। जे.के. समझ गया पैसे पर्स में नहीं थे।

"कोई बात नहीं...आप भेज दीजिएगा और आइन्दा पर्स में पैसे रखा कीजिए...ऐसे वक़्त के लिए काम आते हैं।"

सारी बातें जे.के. ने हँसी-मज़ाक में कही।

"फिर ऐसा कभी नहीं होगा..."

जे.के. हँस दिया।

"Really, I can it..."

जे.के. ने हाथ बढ़ाया और वादा लिया।

"प्रॉमिस...?"

आरती ने उसके हाथ में अपना हाथ दिया।

"प्रॉमिस...!"

आरती अपनी कार में बैठ गई—और गाड़ी स्टार्ट करने से पहले अपना कार्ड निकालकर जे.के. को दिया।

"यह मेरा पता है...आप घर पर आइएगा किसी दिन...ज़रूर आइएगा...मैं उम्मीद रखूँगी..."

आरती गाड़ी लेकर चली। जे.के. ने वह कार्ड लेकर बग़ैर देखे, लापरवाही से फाड़कर फेंक दिया। आरती ने गाड़ी के शीशे में देख लिया, फ़ौरन रिवर्स करके जे.के. के पास पहुँच गई।

"माफ़ कीजिएगा...वह कार्ड आपको ग़लत दे दिया। मुझे दीजिए तो..."

"कार्ड...अरे हाँ..."

जे.के. घबरा गया और झूठमूठ अपने कोट की जेब में देखने लगा। आरती ने तभी दूसरा कार्ड निकालकर पेश किया।

"फाड़िएगा नहीं...मुझे जाने तो दीजिए। Back mirror में नज़र आता है !"

39

इस वाक़ये के बाद भी जे.के. और आरती देवी अलग-अलग जगहों पर एक-दूसरे से टकरा गए...और क़रीब आ गए...एक-दूसरे से घंटों फ़ोन पर बातें करते...जे.के. अपनी कविताएँ सुनाता फ़ोन पर, जिन्हें आरती सुनती और उन कविताओं में अपने आपको महसूस करती।

"आओ तुमको उठा लूँ कन्धों पर
तुम उचक कर शरीर होंठों से
चूम लेना यह चाँद का माथा
आज की रात देखना तुम भी
कैसे झुक-झुक के कोहनियों के बल
चाँद इतना क़रीब आया है...!!"

"ब्यूटीफ़ुल—वंडरफ़ुल !"

"अच्छी है न..."

"बहुत अच्छी है।"

"पता है—जब तुम अच्छी कहती हो तो बहुत ही अच्छा लगता है।"

"तुम्हारे साथ यह कविता न होती—तो बहुत ordinary आदमी होते...!"

"कैसे न होती...! बारह साल का था, जब मुशायरों में पढ़ना शुरू कर दिया था..."

"तुमने सारे काम बारह साल की उम्र में ही कर लिए थे...?"

"हाँ, सारे काम, बारह साल की उम्र में कर लिए थे—सिवाय शादी के..."

"वह क्यों नहीं किया...?"

40

दोनों—जे.के. और आरती किसी पुरानी इमारत के पास बैठे हैं। बातों का सिलसिला वैसे ही चल रहा है।

"तुम जो नहीं मिलीं वरना वह भी कर लेता।"

"बच गए तुम—नहीं तो कुँआरे रह जाते...?"

41

फिर जे.के. और आरती मुख़्तलिफ़ जगहों पर घूमते गुन-गुनाते नज़र आए।

तुम आ गए हो नूर आ गया है
नहीं तो चिराग़ों से लौ जा रही थीं
जीने की तुम से वजह मिल गई है
बड़ी बेवजह ज़िन्दगी जा रही थी।

42

आरती के पिता ए.के. बोस अपनी बेटी को समझा रहे थे।

"शादी करनी है ?...क्यों...इतनी जल्दी क्या है ? क्या हो जाएगा शादी से ?...कहो...कहो...समझाओ मुझे ? जहाँ तक मैं समझता हूँ...हमारे मुल्क में तकरीबन अट्ठाइस हज़ार शादियाँ रोज़ होती हैं, उनमें से एक शादी तुम्हारी भी होगी। फिर आगे क्या ? फ़्यूचर का क्या होगा ?

आरती पिता के सामने ख़ामोश खड़ी उनको सुनती रही!

"हमारे यहाँ जो बर्तन माँजनेवाली आती है, उसने भी शादी की है। उसके बच्चे भी हैं, तुम्हारे बच्चे हो जाएँगे, लेकिन फिर...फिर क्या ? क्या यही तुम्हारी ज़िन्दगी का मक़सद है—यही तुम्हारी एम्बीशन है... I am very much disappointed, my dear. You just want to be one of the million and million and million creatures. मेरी तुम्हारे साथ कितनी उम्मीदें थीं...मैं चाहता था कि तुम

बहुत ऊँचाई तक पहुँचो, लेकिन अब तुमने शादी की जल्दी में...''

बोस अपनी बेटी के क़रीब आए, आरती ख़ामोश खड़ी रही।

43

जे.के. आरती को समझा रहा था।

''नहीं...नहीं मुझे शादी की कोई जल्दी नहीं है। ठीक है, इतने साल रुका हूँ, कुछ साल और रुक जाऊँगा...लेकिन तुम...?''

''मुझे तो है !...''

''फिर...? फिर क्या करेंगे...''

''शादी करेंगे...''

''और तुम्हारी लीडरी का क्या होगा...?''

''वह तुम करना !''

''*(हँसकर)* और तुम क्या करोगी...?''

''तुम्हारे पल्ले पड़ी हूँ...किचन में प्याज़ काटूँगी।''

नाक को रगड़ते हुए।

''और यह करूँगी...''

जे.के. ने हँसकर पूछा।

''और क्या करोगी...''

''तुम्हें बोर करूँगी...!''

''वह तो ज़ाहिर है...और...''

''तुम्हारी जान खाऊँगी...''

''और...''

''बाबा सब करूँगी...कपड़े सीयूँगी...आटा गूँथूँगी... दाल झोकूँगी बस...''

44

पिछली यादों का ताँता टूटा तो जे.के. ने जैसे अपने आप से कहा :

"हूँ...बस..."

आरती देवी समझ नहीं पाईं।

"क्या...?"

"कुछ नहीं...सोच रहा था...तुमने कहा था जब घर आओगी तो खाना ख़ुद पकाओगी।"

घड़ी देखकर।

"लेकिन अब तक तो बिन्दा खाना पका चुका होगा..."

"देर हो गई न...निकलते-निकलते..."

"अच्छा, लास्ट तुमने खाना कब पकाया था...?"

"जब मैं बारह साल की थी..."

जैसे ही आरती ने यह कहा जे.के. रुककर उसकी तरफ़ देखने लगा और ज़ोर से दोनों हँस पड़े।

45

किचन में आरती छोंक लगाती है और डर के पीछे हट जाती है...बिन्दा जो पास खड़ा था, हँस पड़ा।

"यह क्या कर रही हो बेटी...चलो छोड़ो...अब तो देश की बड़ी-बड़ी समस्याएँ सुलझाओ, कहाँ दाल-वाल छोंकने में लगी हो—आदत भी छूट गई होगी ये सब करने की..."

"कितना कुछ छूट गया काका...घर छूट गया—लोग

भी छूट गए...''

''ये क्यों कहती हो...न मिलने से, कहीं रिश्ते छूट जाते हैं...''

बिन्दा खाना परोसने का इन्तज़ाम करने लगा।

''वह रिश्ता ही क्या, कि हाथ छूटने से टूट जाए...जाओ साहब को बुला लाओ—मैं खाना लगा देता हूँ...''

आरती डाइनिंग रूम में जाने लगी, और सोचने लगी अब कैसे बुलाऊँ जे.के. को...

बिन्दा ने दोबारा कहा।

''अरे तुम गई नहीं अभी तक !...जाओ बुला लाओ...क्या सोच रही हो...?''

आरती ने कुछ झिझकते हुए पूछा।

''कैसे बुलाऊँ...?''

''मतलब...''

''तुम कैसे बुलाते हो...?''

''मैं तो साहब कहकर बुलाता हूँ...तुम साहब थोड़ी ही कहोगी...''

''अच्छा लोग कैसे बुलाते हैं उन्हें...''

''लोग तो जे.के. साहब कहकर बुलाते हैं। तुम लोग थोड़ी ही हो...मैं बुला लाऊँ...?''

आरती बड़े असमंजस में पड़ गई, इतने बरसों बाद जे.के. से मिली थी, किस नाम से पुकारे ?

''नहीं...क्या मैं नहीं बुला सकती !...जाती हूँ...मैं बुला लूँगी...''

और आरती इतना कहकर किचन से बाहर चली गई।

46

दूसरे कमरे में जे.के. बैठा पुरानी एलबम देख रहा था। तभी आरती आई, उसको बैठा देखकर बुलाने की कोशिश की। जब जे.के. ने आरती की तरफ़ देखा।

''खाना लग गया है...!''

''हूँ...चलो...''

''क्या देख रहे हो...?''

''पुराना एलबम देख रहा था...''

आरती भी वहीं बैठ गई और एलबम देखने लगीं।

''यहाँ मन्नू बहुत मोटी लगती है ?''

''बाप पर गई है न...''

एक फ़ोटो देखकर आरती ने पूछा।

''यह कब ली...?''

जे.के. ने फ़ोटो को क़रीब से देखा।

''ये पिछले साल...यहाँ से कुछ दूर पर एक बारादरी है वहीं पर ली थी—काफ़ी फ़ेवरिट जगह थी मन्नू की...''

''अच्छी जगह है...?''

''बहुत अच्छी, कभी चलो तो दिखाऊँ...''

''मैं कब चल सकूँगी...''

''दिन में नहीं चल सकती तो रात को चलो...''

''कब...?''

''आज ही चलो खाने के बाद...''

''ले चलोगे...''

''हाँ...''

''प्रॉमिस ?''

जे.के. ने हाथ बढ़ाकर प्रॉमिस किया।

"प्रॉमिस...!"

47

रात के वक़्त—चाँदनी चारों तरफ़ सफ़ेद चादर की तरह फैली हुई थी। दूर एक पुराना खंडहर नज़र आ रहा था। जे.के. और आरती टहलते हुए इमारत के क़रीब आ रहे थे।

"बरसों बाद घूमने निकली हूँ...ऐसा लगता है..."

"क्या...?"

"किसी और सदी की बात थी..."

"हूँ, शायद उन दिनों की बात होगी...जब यह इमारत अभी उजड़ी नहीं थी..."

"हाँ, पिछले किसी जनम की बात लगती है।"

"एक काम करें..."

एक पल रुक के जे.के. ने मशवरा किया।

"जब तक तुम यहाँ हो...रोज घर पर खाने के लिए आया ही करोगी...खाने के बाद घूमने निकल आया करेंगे...कम से कम, यह इमारत...कुछ दिनों के लिए तो बस जाएगी।"

आरती ठंड महसूस कर रही थी। जे.के. ने पूछा :

"तुम्हारी शाल कहाँ है...?"

"भूल गई..."

जे.के. ने अपना कोट उतारकर उढ़ा दिया।

"ऊह...नो...नो..."

"तुम नहीं बदलोगी...लो..."

आरती ने नज़र भरके देखा जे.के. की तरफ़ !

तेरे बिना जिन्दगी से कोई शिकवा तो नहीं,
तेरे बिना जिन्दगी भी लेकिन, जिन्दगी तो नहीं।

"सुनो आरती...
ये जो फूल की बेलें नज़र आती हैं, दरअस्ल ये बेलें नहीं हैं, अरबी में आयतें लिखी हैं...इन्हें दिन के वक़्त देखना चाहिए...बिलकुल साफ़ नज़र आती हैं...दिन के वक़्त ये हौज पानी से भरा रहता है...और दिन के वक़्त जब ये फ़व्वारे...."

आरती बीच में बोल पड़ी।

"क्या कह रहे हो...कहाँ मैं आ पाऊँगी दिन में।"

कुछ सोचकर जे.के. ने कहा।

"यह जो चाँद है न...इसे रात में देखना...यह दिन में नहीं निकलता..."

दोनों हँस पड़े।

"यह तो रोज़ निकलता होगा..."

कुछ सोचकर जे.के. ने कहा।

"हाँ—लेकिन बीच में अमावस आ जाती है...वैसे तो अमावस पन्द्रह दिन की होती है—लेकिन इस बार बहुत लम्बी हो गई।"

यह कहते-कहते जे.के. की आँखें भर आईं।

"नौ बरस लम्बी न...?"

आरती की भी आँखें नम हो गईं।

48

होटल के गार्डन में पार्टी चल रही थी...लल्लू लाल और आरती देवी आपस में बातें कर रहे थे।

"उस शेर ख़ान को देखिए, वह अपने छः हज़ार

मुसलमानों को रोता रहेगा। उसके इलाक़े में भी चन्द्रसेन की धाक जम गई है।''

''अगर अग्रवाल को न खड़ा किया गया तो...? तो चन्द्रसेन का टूटना बड़ा मुश्किल होगा।''

''वो भइए—देवीजी मैं जानता हूँ...और कोशिश भी कर रहा हूँ...देर सिर्फ़ इसलिए हो रही है कि चन्द्रसेन अच्छी तरह जानता है कि अग्रवाल मानेगा नहीं...''

''कोई ज़रूरी नहीं...उसे सिर्फ़ चाबी देने की ज़रूरत है। पेपर में उसकी फ़ोटो छप जाए, तो वो कुछ भी कर लेगा।''

''ठीक है...मैं कल ही मिलता हूँ...''

''लल्लू लाल की चाबी हो और लट्टू न घूमे ? यह क्या हो सकता है... ?''

यह सुनकर लल्लू लाल की चाबी घूम गई।

''भइए...देवीजी, जब तक आपका हाथ मेरे सिर पर है, लल्लू लाल, लल्लू लाल है। जिस दिन यह उठ गया तो लट्टू लाल हो जाएगा।''

दोनों हँस पड़े।

''कल आप खुद मिलिए—अग्रवाल से।''

''अच्छी बात है...''

49

लल्लू लाल अग्रवाल के सामने बैठा था। उनकी दवाई की शीशी उनके सामने पड़ी थी।

''अब आप ही बताइए न अग्रवाल साहब, अगर मैं इलेक्शन में खड़ा हो जाऊँ तो, मेरे बाल-बच्चे किसे वोट देंगे...? मुझे ही देंगे न ?''

"हूँ..."
"और आप तो मज़दूरों के माई-बाप हैं।"
"हूँ..."
"उनको तो यह सोचना ही नहीं पड़ेगा कि चन्द्रसेन कौन और आरती देवी कौन ? ये वोट तो आपकी जेब में हैं।"
"सो तो है।"
"दूसरी जेब में बिज़नेस क्लास पड़ी है...!"
"वो तो हमारी बिरादरीवाले हुए।"
"अग्रवाल साहब, यह तो सीधी बात है, सारा बैलेंस आप पर है...जिस तरफ़ आप जाएँगे, वही तरफ़ जीतेगी। तो फिर आप ही क्यों नही खड़े हो जाते...?"
"वह तो हमने सोचा ही नहीं..."
"ऊँ...हूँ ! सोचने का काम आप करो ही नहीं...वह सब हम पर छोड़ दो..."

लल्लू लाल ने अपनी दवाई की शीशी से एक .खुराक दवाई पी ली...इस शीशी में लल्लू लाल रम भरकर रखते थे।

"यह आप कौन-सी दवाई पीते हैं...?"
"गुर्दे की, अगर न पियूँ तो गुर्दे काम नहीं करते। हाँ तो मैं आपको यह कह रहा था—कि चन्द्रसेन को आप वोट भी दे रहे हैं...और पैसा भी, ठीक है न..."
"ठीक है..."
"कोई लाख-डेढ़ लाख तो लग ही गया होगा...?"
"नहीं साहब...इससे कहीं ज्यादा ख़र्च हो चुका है।"
"भइए...अगर वह जीत गया तो...दस के बीस बन जाएँगे..."

"ठीक है..."

"और अगर न जीता तो...?"

"तो...?"

"अरे भइए आप हैं बिज़नेस में। आपको उसकी हार-जीत से क्या लेना है ! आपका तो पैसा नहीं डूबना चाहिए बस।"

"वह तो है..."

"और अगर यही पैसा आप अपने आप पर लगाएँ तो ? न खोने का डर और न पाने की फ़िकर, अग्रवाल साहब...आपको तो...घाटे का चांस ही नहीं।"

"बात तो तुमने पते की बताई..."

"तो फिर क्या भइए...मैं तो कहता हूँ खड़े हो जाओ !!"

इतना सुन के अग्रवाल अपनी कुर्सी से खड़ा हो गया—वह भी एक उम्मीदवार बन गया।

50

चन्द्रसेन अपनी पार्टी के ऑफ़िस में गुस्से से टहल रहा था।

"ईडियट...पागल है...दिमाग़ ख़राब हो गया है उसका...लेकिन यह समझ में नहीं आता, यह उल्टी राय दी किसने ?"

चौधरी ने अन्दाजा लगाया।

"यह वही होगा—लल्लू...यह शीशी का निशान उसी का है।"

"वह ऐसा क्यों करेगा भला...वो लोग अग्रवाल को अपनी तरफ़ मिलाने की कोशिश कर सकते हैं, उसे

अपने ख़िलाफ़ खड़ा नहीं करवाएँगे...''

''अग्रवाल अगर खड़ा होगा...तो मज़दूरों के वोटों का क्या होगा...?''

''होगा क्या...हमारे वोट उसे ही मिलेंगे...उसी की मिलें हैं, उसी के मज़दूर...''

तभी पास खड़े बेनीलाल ने कहा।

''लेकिन वहाँ तो बहुत बड़ी स्ट्राइक चल रही है कल से...!''

''स्ट्राइक क्यों...?''

''उनकी कुछ माँगें हैं...''

सोचकर चन्द्रसेन कहता है।

''अच्छा...अगर उसके मज़दूर, इससे टूट जाएँ, तो अग्रवाल की ताक़त ही क्या है...अवतार...''

''जी...''

''मज़दूरों को भड़काए रखो...और किसी तरह का समझौता मत होने दो...''

51

अग्रवाल की फ़ैक्टरी के बाहर मज़दूरों की भीड़ इकट्ठा थी। लोग लाल झंडे लिए खड़े थे और नारे लगा रहे थे।

''हमारी माँगें पूरी करो...

हमारी माँगें पूरी करो...

अग्रवाल मुर्दाबाद ! अग्रवाल मुर्दाबाद !''

लल्लू लाल दूर खड़े यह तमाशा देख रहे थे और फिर मुस्कुराते हुए अपनी जीप पर बैठकर चले गए।

52

आरती देवी गुरुसरन के साथ होटल से बाहर निकली तो उन का ज़ुकाम ज़ोरों पर था। वो अपनी कार के पास आई। गुरुसरन ने गाड़ी का दरवाज़ा खोला। तभी दूर से लल्लू लाल जीप पर आकर रुके और बताया :

''सब ठीक है...पहले महिला मंडल की सभा में चलेंगे...''

गुरुसरन ने पूछा।

''वह अग्रवाल की हड़ताल का क्या हाल है...?''

''बहुत ज़ोरों में चल रही है...''

''कोई कम्प्रोमाइज़ का चांस तो नहीं है...?''

''समझौता हो गया तो, हम लोगों को बहुत बड़ा नुक़सान होगा...''

''वह अब चन्द्रसेन होने नहीं देगा...बेफ़िक्र हो चलिए...''

आरती देवी जाने ही लगी कि जे.के. एक मफ़लर और एक शीशे में ज़ुकाम की दवाई लेकर आ गए और आरती देवी को दे दी। गुरुसरन और लल्लू लाल ये देखकर दंग रह गए। इस रिश्ते को समझ नहीं पाए।

''आरती, सुनो, यह लो...और यह दवाई दिन में दो-तीन बार लेना। ज़ुकाम कुछ ज़्यादा ही हो गया।''

लल्लू लाल देखता रह गया। जे.के. ने लल्लू लाल को देखते हुए कहा।

''कल रात मैंने नोटिस किया, इनको ज़ुकाम हुआ है। यह रख लीजिए।''

आरती देवी अपनी कार में गुरुसरन के साथ

बैठी और चली गई। जे.के. अपने ऑफ़िस की तरफ़ चला गया। लल्लू लाल अपनी जीप के पास आए और ड्राइवर से कहा :

"भइए,—तू भी वही देख रहा है, जो मैं देख रहा हूँ।"

ड्राइवर ने हैरत से देखा।

"क्या साहब...?"

"मौसम के रंग-ढंग कुछ ठीक नज़र नहीं आ रहे हैं।"

"बारिश होगी क्या...?"

"अरे बारिश नहीं, आँधी आएगी—आँधी ! मुख़ालिफ़ पार्टी को अगर पता चल गया...या शक भी पड़ गया, तो मिट्टी ख़राब कर देंगे वो लोग..."

53

एक आदमी जिसके कन्धे पर कैमरा लटका हुआ था, वह चन्द्रसेन के पार्टी ऑफ़िस में आया। सीधा चन्द्रसेन से मिला और कुछ फ़ोटोग्राफ़ आरती देवी और जे.के. के उसके सामने रख दिए—वे दोनों जब रात को मिलते थे बारादरी में। चन्द्रसेन फ़ोटो देखकर उछल पड़ा, और अपनी कुर्सी से खड़ा हो गया।

"यह बड़ा काम किया..."

"मैंने तो आपसे कहा था। उस दिन, इनको मैनेजर के घर पर देखा था...और कल रात दोनों बारादरी में भी घूम रहे थे।"

"तुम्हारे कहने पर लोग यक़ीन न करते, लेकिन इन तस्वीरों से क्या इंकार करेंगे ?—उन्हें तो मानना ही

पड़ेगा...''

चन्द्रसेन ख़ुशी से अवतार के पास गया जो अख़बार का काम देखता था...

''यह लो अवतार, 'ज़माना' के लिए बहुत अच्छा मैटीरियल मिल गया है, महूर्त करो अपने पेपर का। अग्रवाल उधर से मारा जाएगा हड़ताल में, और यह औरत इधर होटल में...''

54

आरती देवी के पार्टी ऑफ़िस में 'ज़माना' पेपर बिखरे पड़े थे जिसके फ्रंट पेज पर आरती देवी और जे.के. की फ़ोटो छपी थी। लल्लू लाल बैठे पेपर देख रहे थे और कह रहे थे।

''बेड़ा ग़र्क हो गया ! यह क्या कर दिया इस औरत ने...?''

एक वर्कर ने कहा।

''यह सब चन्द्रसेन की शरारत है।''

''अरे शरारत काहे की भइए, वह झूठा हो सकता है मगर यह तस्वीर झूठी नहीं हो सकती...यह खड़ी नहीं हो सकेंगी, पब्लिक के सामने !—यह इलेक्शन तो गया हाथ से—मैं तजुर्बे की बिना पर कहता हूँ—अगर भगवान भी आकर इनकी मदद करे न—तब भी यह नहीं जीत सकतीं—तुम नहीं जानते जनता को। यह साला मैनेजर है कौन ?''

''शक्ल से बहुत भोला लगता है।''

''भोली तो ये भी लगती हैं।''

55

आरती देवी ख़ामोश-सी टहल रही हैं। कुछ सोच भी रही थीं। तभी गुरुसरन उनके पास पहुँचा और कहा।

"कल की वापसी की तैयारी शुरू कर दें—बहुत ज़रूरी काम पड़े हैं पीछे..."

कुछ सोचकर आरती देवी ने कहा।

"दो-एक दिन आगे कर दीजिए—इस तरह, यह सब छोड़कर नहीं जाया जा सकता है।"

"मॉडर्न स्कूल और सिटी हॉल—दोनों मीटिंग कैंसिल कर दीजिए...और मेरा ख़्याल है, यह होटल भी बदल दीजिए..."

यह सुनकर आरती गुस्से में बोल पड़ीं।

"चुप कीजिए—भाग जाने से क्या बच जाएँगे ? सुना है, सारे शहर में पोस्टर लगवा दिए हैं उसने..."

56

होटल की दीवारों पर बड़े-बड़े पोस्टर लगे थे आरती देवी और जे.के. के। जे.के. ये पोस्टर साफ़ करवा रहा था।

"साफ़ करो...अरे ऐसे नहीं—पानी से। कुछ और लोगों को बुलाओ और साफ़ करवाओ पोस्टर..."

तभी आरती देवी अपनी कार से होटल से बाहर निकलीं। एक स्टूल रास्ते में पड़ा था जिसे गुस्से में जे.के. ने एक तरफ़ फेंक दिया।

56-A

आरती देवी औरतों की मीटिंग को सम्बोधित करने गई ! वहाँ की औरतें उन्हें देखते ही चिल्लाने लगीं।

''आरती देवी शेम शेम !
आरती देवी वापस जाओ !''

आरती देवी अपने आदमियों के साथ मीटिंग छोड़कर वापस चली गई।

57

शहर में जहाँ भी आरती देवी के पंडाल लगे थे, जनता उनमें आग लगाने लगी। और आरती देवी मुर्दाबाद के नारे गूँज रहे थे। हज़ारों की तादाद में पब्लिक आरती देवी मुर्दाबाद के नारे लगा रही थी।

''आरती देवी मुर्दाबाद...
आरती देवी मुर्दाबाद...
आरती देवी मुर्दाबाद...''

58

डाइनिंग टेबल पर खाना लगा हुआ था। दूसरे कमरे में जे.के. सोफ़े पर आँखें बन्द किए बैठा था। तभी बिन्दा ने आकर कहा :

''साहब आप तो खाना खा लीजिए...''

जे.के. ने आँखें खोलीं और बग़ैर बिन्दा को देखे

जवाब दिया।

"मुझे भूख नहीं है...तुम खाकर सो जाओ। वह अब नहीं आएगी—सुनो—वह दवाई ले आना..."

"जी..."

बिन्दा वहाँ से चला गया।

जे.के. ने घड़ी देखी और टेलीफ़ोन किया।

"हलो अमृत..."

"जी..."

"सब ठीक है न... ?"

"जी हाँ, सब ठीक है।"

"अरे हाँ देखो—वह ऊपर खाना गया...?"

"जी...वो अभी तक नहीं आई हैं..."

"अभी तक नहीं आई...ओ.के., गुड नाइट।"

जे.के. ने फ़ोन रख दिया। बिन्दा दवाई और एक गिलास पानी लिए खड़ा था।

ये लीजिए—"

जे.के. ने दवाई ली तो बिन्दा ने पूछा।

"मैं एक बार जाकर देख आऊँ होटल में...?"

"कोई ज़रूरत नहीं है—भूल जाओ वो हैं भी यहाँ..."

बिन्दा गिलास लेकर वापस चला गया। जे.के. भी उठकर बेडरूम में आया और पास पड़ी एलबम उठाकर देखने लगा। एक फ़ोटो पर उसकी आँखें रुक गईं।

59

फ़्लैश बैक

आरती शीशे के सामने अपने बाल सँवार रही थी—जे.के. उसका फ़ोटो खींच रहा है।

''इस्माईल भाई...इस्माईल भाई...इस्माईल।''

गुस्से में आरती बोली।

''क्या इस्माईल भाई—इस्माईल भाई...''

''इस्माईल भाई नहीं...स्माइल भाई...स्माइल भाई... स्माइल...''

आरती झूठमूठ मुस्कुरा दी।

जे.के. ने फ़ोटो क्लिक की और कैमरा लेकर आरती के पास पहुँचा।

''इसको कहते हैं, आर्ट ऑव फ़ोटोग्राफ़ी, फ़ोर ग्राउंड में भी तुम और बैक ग्राउंड में भी तुम !''

''वाऊ !''

इतना कहकर आरती अलमारी के पास गई, और सफ़ेद साड़ी लाल रंग के बॉर्डरवाली निकाली। जे.के. यह देखकर बोल पड़ा :

''खादी की साड़ी ! कहाँ जाने की तैयारी है ? फिर कोई मीटिंग अटैंड करनी है ? डैडी के साथ...?''

''आज पिताजी के साथ जाना है बाहर...''

''और उसको कौन देखेगा ? तुम्हारी लड़की को...?''

''बाप देखेगा...!''

''और काम पर कौन जाएगा...?''

''मैं जा रही हूँ न...आ़ज तुम छुट्टी ले लो...''

''देखो मेम साहब...आराम से घर पर रहो।''

जे.के. आरती के पास आकर खड़ा हो गया।

"और अपने घर को देखो—यह रोज़ का तमाशा नहीं चलेगा—कल मैं जब घर लौटा, पड़ोसन बच्ची को देख रही थी, परसों बिन्दा काका परेशान हो रहे थे..."

जे.के. ने उसके हाथ से साड़ी ले ली।

"लाओ यह साड़ी..."

आरती चुपचाप सुनती रही।

"आराम और चैन से पहले भी समझा चुका हूँ... मुझे यह बिल्कुल पसन्द नहीं।"

60

आरती के पिता अपनी बेटी को समझा रहे थे।

"तो क्या पसन्द है उसे...क्या बनाना चाहता है तुम्हें...उस वक़्त इतना समझाया, कि अभी शादी मत करो—यह शादी का वक़्त नहीं है तुमहारे लिए, मेहनत का वक़्त है, पहले कुछ बनकर बताओ... लेकिन उस वक़्त इसके लिए पागल हो रही थी... My god ! What a waste of talent ! पढ़ाया, बैरिस्टर बनवाया। पढ़कर सब पानी में डाल दिया—कितना ब्राइट फ़्यूचर था तुम्हारे सामने, सब चौपट कर दिया, होटल के एक बैरे के लिए..."

61

आरती घर में बैठी स्वेटर बुन रही थी और साथ-साथ जे.के. से बात भी करती जा रही थी।

"यह होटल छोड़ क्यों नहीं देते तुम...?"

यह सुनकर जे.के. ने ध्यान से आरती की तरफ़ देखा।

''और कुछ क्यों नहीं कर लेते...''

''मसलन...क्या कर लूँ...?''

''कुछ भी...डैडी किसी भी लाइन में लगा सकते हैं, कोई अपना बिज़नेस भी कर सकते हो...''

जे.के. अपनी टाई ठीक करते हुए आरती के क़रीब आया।

''एक बात पूछूँ...यह आइडिया किसका है, तुम्हारा या तुम्हारे डैडी का...?''

''डैडी...डैडी क्यों कहेंगे...''

''फिर तुम्हें क्या तकलीफ़ है...?''

''तकलीफ़ क्या होगी...तुम्हारी तरक़्क़ी की बात कर रही हूँ न...कुछ बुरा तो नहीं कहा, वीमेन काउंसिल में जितनी औरतें हैं—सब बड़े-बड़े अफ़सरों की बीवियाँ हैं। एक मैं ही हूँ...''

जे.के. बात काटकर बोल पड़ता है।

''जो एक होटलवाले की बीवी कहलाती हो।...यही न ?''

''और क्या...''

''इससे तुम्हारी इज़्ज़त कम हो जाती है ?''

''बढ़ने की वजह भी तो नहीं...''

यह कहकर आरती वहाँ से जाने लगी। जे.के ने गुस्से से कहा :

''सुनो आरती...मैं जानता हूँ, तुम एक नेता की बेटी हो—और ख़ुद भी नेता बनने की तमन्ना रखती थीं—लेकिन मैं एक सीधा-सादा आदमी हूँ...और हमेशा रहना चाहूँगा। ये सब बातें मैंने शादी से पहले अच्छी तरह समझाई थीं—समझाई थीं न ?...अब अगर तुम्हें मेरी बीवी कहलाने में...कोई

शर्मिन्दगी महसूस होती है या अपना आप छोटा लगता है, तो तुम जब चाहो अपने बहुत बड़े बाप के घर जा सकती हो !''

यह सुनकर आरती चौंक गई।

''सिर्फ़ एक बात ! जाते वक़्त तमाशा मत करना। मुझसे कह देना, मैं तुम्हें रोकूँगा नहीं !''

यह कहकर जे.के. ने अपना कोट उठाया और तेज़ी से निकल गया। आरती खड़ी सोचती रह गई—यह क्या हो गया—बिन्दा काका ने भी सब सुन लिया।

''साहब फिर नाश्ता किए बग़ैर चले गए...?''

''तो मैं क्या करूँ ?...उनका नाश्ता लेकर भागूँ पीछे-पीछे।''

''नहीं बिटिया, यह रोज़-रोज़ अच्छी बात नहीं है।''

''*(रोकर)* तो तुम खिला दो जाकर...''

''देखो बिटिया, पति की इच्छा ही तुम्हारी इच्छा होनी चाहिए...''

''क्यों ? पति है न, कोई बॉस तो नहीं ? कोई नौकर तो नहीं हूँ उनके घर में कि उनकी मर्ज़ी से नहीं चलूँगी तो निकाल देंगे मुझे। तुम्हारी जगह होती तो यह शायद डर होता मुझे...!''

बिन्दा को यह सुनकर तकलीफ़ हुई।

''नौकर तो मैं भी नहीं हूँ बिटिया—मैं नौकरी करने नहीं आया यहाँ, तुम्हें पाल-पोसकर बड़ा किया था, इसलिए तुम्हारे पिता का घर छोड़कर तुम्हारे साथ चला आया।''

इतना कहते-कहते बिन्दा का गला भर आया और वह नाश्ते की ट्रे लेकर फिर से किचन की तरफ़ चला गया।

''तुम मुझे नहीं निकाल सकतीं इस घर से—यह घर

मेरी मर्ज़ी से नहीं चलता, लेकिन यह घर मेरा ही है...अच्छा नहीं लगेगा तो चला जाऊँगा...!''

आरती बिन्दा के क़रीब आई।

''काका...''

बिन्दा काका अपने आँसू पोंछते हुए रसोई की तरफ़ चले गए।

62

रात को जे.के. घर में आया। चारों तरफ़ एक अजीब-सा सन्नाटा था। आरती बिस्तर पर बैठी कुछ काम कर रही थी। जे.के. ने देखा और कुर्सी खींचकर उसके पास जा बैठा। उसके हाथ में एक अख़बार था।

''सुनो...इधर आओ...''

''थोड़ी देर में आती हूँ...''

''मुझे ज़रूरी बात करनी है...इधर आओ...''

आरती ने कहा।

''तुम भी तो आ सकते हो !''

यह सुनकर जे.के. गुस्से से आरती के पास पहुँचा।

''मेरा शौहर बनने की कोशिश मत करो... समझीं !''

जे.के. ने हाथ का अख़बार दिखाते हुए पूछा।

''यह क्या है...?''

''क्या...?''

''अंग्रेज़ी पढ़ लेती हो न...मेरा नाम कैसे आया इस कमेटी में...?''

''मुझे क्या पता...?''

"तुम्हें नहीं पता...?"

"पिताजी ने दिया होगा..."

"दिया होगा ? तुम्हें नहीं पता ?"

"पता था...!"

"फिर कहा क्यों नहीं मुझसे ?...बताया क्यों नहीं मुझे ?"

"ओनरेरी प्रेसिडेंट ही तो बनाया है, और गाली तो नहीं दी..."

"बन्द करो अपनी बकवास–किससे पूछकर मेरा नाम दिया गया था ? You...I hate your bloody politics. मुझे तुम्हारे ख़ामख़्वाह के तमग़ों की ज़रूरत नहीं...मैं जो हूँ, अच्छा हूँ, इसी में ख़ुश हूँ।"

"तुम ख़ुश होगे अपने आप में...इस छोटे से कुएँ में, मेरा तो दम घुटता है– !"

इतना सुनते ही जे.के. के तन-बदन में आग लग गई।

"क्या कहा तुमने...तुम्हारा दम घुटता है यहाँ...इस कुएँ में ?...फिर क्यों पड़ी हो यहाँ ? जाओ यहाँ से... !"

"कब की चली गई होती...अगर डैडी की बदनामी का डर न होता..."

"तुम इस घर में, अपने डैडी की इज़्ज़त की वजह से पड़ी हो...इस घर की इज़्ज़त के लिए नहीं ? मेरे लिए नहीं हो तुम, इस घर में...?"

आरती चुपचाप से बिस्तर पर बैठ गई। जे.के. ने कहा :

"ठीक है, अगर तुम नहीं जा सकती हो इस घर से, बदनामी का डर है...तो मैं चला जाता हूँ...फिर तुम्हें पूरी आज़ादी होगी...मैं...तुम्हारे रास्ते पर नहीं आऊँगा !...और न तुम्हारा साया पड़ने दूँगा अपने

रास्ते पर—अपनी बच्ची पर...!!"

बिन्दा काका चाय लेकर आ रहे थे उनके कमरे में, उनकी बातें सुनकर वहीं दरवाज़े पर खड़े रह गए।

"मैं कहाँ हूँ, किधर गया हूँ, इसकी ख़बर नहीं लगने दूँगा...ख़ामख़्वाह तुम्हें पछताना पड़े..."

गुस्से से जे.के. कमरे से बाहर निकल गया।

63

जे.के. जिस होटल में असिस्टेंट मैनेजर की पोस्ट पर काम करता था, उसके मैनेजर से मिला। मैनेजर ने समझाया।

"क्या बात है जे.के....क्या तकलीफ़ है, क्यों... रिज़ाइन करना चाहते हो...?"

"जी कुछ नहीं—दिल भर गया यहाँ से...!"

मैनेजर उठकर जे.के. के क़रीब आया।

"देखो...बेवकूफ़ी मत करो...आज असिस्टेंट हो, दो-चार साल बाद मैनेजर बन जाओगे, अगर आज छोड़कर चले गए तो कहीं तुम्हारा कुछ नहीं बनेगा..."

जे.के. ने कुछ जवाब नहीं दिया।

"क्या बात है—कहीं तुम्हारा वाईफ़ से झगड़ा तो नहीं हुआ...?"

जे.के. ने थोड़ी देर कुछ सोचकर जवाब दिया।

"जी..."

64

घर में आरती जे.के. के नाम चिट्ठी लिख रही थी।

"आज रात...मैं घर नहीं लौटूँगी...शायद कभी न लौटूँ...फ़ैसला तुम पर है...तुमने कहा था मुझसे, तमाशा मत करना, मैं कुछ भी नहीं कर रही, लेकिन दिल की बात साफ़-साफ़ कह रही हूँ...अगर हम एक-दूसरे की तरक़्क़ी की वजह नहीं बन सकते..."

65

आरती का लिखा हुआ ख़त आधा जे.के. पढ़ रहा था।

"...तो एक-दूसरे की बर्बादी का कारण भी क्यों बनें ?...तुम्हें यह सुनकर अच्छा नहीं लगेगा, लेकिन मैं ख़ुद बता देना चाहती हूँ...इससे पहले कि, कल सुबह तुम यह अख़बार में पढ़ो—इस बार मैं म्यूनिस्पल इलेक्शन में खड़ी हो रही हूँ...कल मुझे वो पेपर भी दाख़िल करने होंगे, जिन पर तुम्हारे दस्तख़त होते तो अच्छा था...वरना मुझे लिखना पड़ेगा...कि हम हमेशा-हमेशा के लिए...अलैहदा हो चुके हैं...मैं घर लौटूँ या न लौटूँ...फ़ैसला तुम पर है...

—आरती"

रात के वक़्त बिस्तर पर अधलेटे हुए जे.के. ने आरती का ख़त पढ़ा। ख़त पढ़ लेने के बाद वहीं पास में रख दिया...और लाइट ऑफ़ कर दी।

66

होटल के कमरे में, लल्लू लाल के साथ आरती देवी बैठी बातें कर रही थी।

''अग्रवाल अगर हमारे हक़ में बैठ जाए तो, अब भी बात बन सकती है।''

''मुझे तो कोई उम्मीद नहीं...और अब बैठेगा भी क्यों ? और वह भी आपके हक़ में...''

''क्यों बैठेगा, वह मुझ पर छोड़ो...तुम सिर्फ़ एक बार, बस उसे यहाँ ले आओ...''

''आप से मिलाने... ?''

आरती देवी ने हाँ में सिर हिलाया।

''हूँ...कल रात मैं मज़दूरों के लीडर से मिली थी... देखो, अग्रवाल बिज़नेसमैन है, वह कोई भी नुक़सान सह सकता है लेकिन पैसे का नुक़सान नहीं सह सकता। अगर मैं उसका मज़दूरों के साथ समझौता करवा दूँ...तो वह मेरे साथ समझौता कर लेगा...''

हैरत से लल्लू लाल ने कहा।

'बात तो बहुत पते की सोची है आपने...यक़ीन से तो नहीं कह सकता...लेकिन, एक मुलाक़ात कराने की कोशिश ज़रूर करूँगा...!

67

दवाई की शीशी का बड़ा कटआउट लगा हुआ था एक स्टेज पर। अग्रवाल कुछ साथियों के साथ बैठा था। एक स्पीकर अग्रवाल के बारे में बोल रहा था :

"भाइयो...श्री अग्रवाल का नाम कोई नया नहीं है आपके लिए—ऐसा कौन-सा शहरी है जो श्री अग्रवाल को नहीं जानता। वो आज तक हर उस उम्मीदवार की मदद करते रहे हैं जो उन्हें अपने शहरियों के लिए मुफ़ीद और कामयाब लगा...लेकिन आज...आज जब उन तमाम उम्मीदवारों से उनका भरोसा उठ गया है, उनकी ख़ुदगरज़ियाँ इनके सामने आ गई हैं तो उन्हें ख़ुद इलेक्शन में खड़ा होकर अपने शहरियों की ज़िम्मेदारी सँभालनी पड़ी—उन उम्मीदवारों के चेहरे आप से छिपे नहीं हैं, जो इस शहर में आकर इश्क़ लड़ाने में मसरूफ़ हो गए हैं..."

लल्लू लाल दूर खड़ा भीड़ में स्पीच सुन रहा था।

"या हड़ताल का सहारा लेकर, देश की प्रगति को रोकने की कोशिश कर रहे हैं। मैं सिर्फ़ विरोधी उम्मीदवारों से नहीं, आप से भी यही सवाल करता हूँ..."

भीड़ में खड़े लल्लू लाल ने अपनी जेब से एक अंडा निकाला, उस पर दस रुपए का नोट लगाया, और पास खड़े आदमी से कहा।

"ए भइए—अंडा है तुम्हारे पास...?"

"नहीं तो...मेरे पास तो नहीं है..."

"मेरे पास बहुत हैं, ठहर जाओ।"

लल्लू लाल ने अंडे पर नोट लगाकर उसे दिया और कहा :

"यह लो...!"

"क्या करूँ इसका...?"

"अरे भइए—छिलका उतारकर जेब में डाल और अंडा ऊपर जाने दे..."

इसी तरह दूसरे आदमी को लल्लू लाल ने अंडा

और नोट दिया। उस आदमी ने भी नोट जेब में रखा और अंडा स्टेज पर फेंक दिया।

''छिलका जेब में डाल और अंडा ऊपर जाने दे...''

जनता अंडे के अलावा पत्थर, चप्पल वगैरह भी स्टेज पर फेंकने लगी।

''भाइयो...मेरी बात सुनिए...भाइयो।''

लेकिन पब्लिक ने नहीं सुनी...और अग्रवाल को स्टेज छोड़कर भाग जाना पड़ा।

68

अग्रवाल अपने ऑफ़िस में खड़ा हुआ लल्लू लाल से बात कर रहा था। दीवारों पर उसके पोस्टर लगे थे।

''तुम तो कह रहे थे कि मज़दूर हमारे बाल-बच्चे हैं। मगर वो तो हमारे बाप निकले...''

''आजकल की औलाद है न...बड़ी चंचल होती है...आजकल की औलाद...''

''चंचल होती है, मगर अब उसे क़ाबू में कैसे किया जाए ?''

''आप उनकी माँगें मान लीजिए—वो आपके साथ आ जाएँगे...!''

''क्यों ?...मेरा दीवाला निकालना है क्या...?''

''तो कोई और समझौता कराऊँ ?''

''क्या...?''

''एक बार आपको आरती देवी से मिलना पड़ेगा।''

''वह किसलिए...?''

''वह इसलिए...कि मज़दूर क्लास है न, उनकी बहुत सुनती है...''

“पागल हो गए हो क्या—वो हमारी ऑपोज़ीशन पार्टी की हैं हमारी मदद क्यों करेगी...?”

“अजी राजनीति में यह लेन-देन तो चलती रहती है।”

“और अगर उसने हमें बैठने को कह दिया तो...?”

“आप मत बैठिएगा...खड़े रहिएगा...”

“अच्छा...एक बात बताओ...”

“जी...?”

“यह मैनेज़र वाली बात—क्या वह सच है...?”

“पता नहीं—मगर बग़ैर आग के धुआँ नही निकलता...”

अग्रवाल सोचने लगा।

69

जे.के. अपने होटल के साथी अमृत से बात कर रहा था।

“अभी-अभी तार मिला है मन्नू आ रही है।”

“मन्नू आ रही है ? कब आ रही है सर...?”

“परसों तक पहुँचेगी...एक काम करो, तुम शिमला स्कूल को कॉन्टेक्ट करने की कोशिश करो...अगर वह नहीं चली है तो प्रिंसिपल से कहना उसे रोक दें, मैं आ रहा हूँ। अगर वह चल दी है तो पता लगाओ वह कैसे आ रही है ? और मैं उसे कहाँ रोक सकता हूँ...ऐसे में वह न ही आए तो अच्छा है। इलेक्शन से जो बदनामी हो रही है उससे मैं खुद भागना चाहता हूँ...वह आएगी तो और बुरा होगा...”

“जी, मैं पता करके बताता हूँ...”

"फ़ोन मिल जाए तो मुझे इनफ़ार्म करना, मैं ऑफ़िस में हूँ..."

"यस सर...!"

"और हाँ...यह हॉल किसलिए सजाया है, कोई पार्टी है...?"

"जी–मिस्टर अग्रवाल की पार्टी है..."

70

अग्रवाल ने होटल में पार्टी दी थी। काफ़ी लोग आए–बड़े-बड़े नेता और व्यापारी वर्ग के सभी लोग। अग्रवाल लल्लू लाल से बात कर रहा था।

"लाख-डेढ़ लाख की क्या बात है, वो तो हमने पिछले इलेक्शन में भी ख़र्च कर डाले थे..."

वेटर ड्रिंक्स लेकर आया और अग्रवाल साहब के सामने आकर खड़ा हो गया। अग्रवाल ने एक गिलास उठाकर लल्लू लाल को पेश किया।

"व्हिस्की..."

"थैंक यू..."

"आप व्हिस्की नहीं पीते ?"

"नहीं, मैं गुर्दे की दवाई पीता हूँ...!"

तभी पास रखा फ़ोन बजा। होटल के एक आदमी ने आकर फ़ोन उठाया।

"हलो..."

दूसरी तरफ़ से पूछा गया।

"मैनेजर साहब हैं वहाँ...?"

"साहब तो नहीं हैं।"

"शिमला से फ़ोन है..."

"अच्छा बुला देता हूँ..."

आदमी ने बुलाकर जे.के. को फ़ोन दिया।

"हलो प्रिंसिपल साहब—जी हाँ, मैं जे.के. बोल रहा हूँ..."

"मन्नू यहाँ से निकल चुकी है।"

"कब निकली है वह वहाँ से ?"

"कल...!"

"आई.सी.आई.सी. वार्डन के साथ है !"

जे.के. फ़ोन लेकर दूसरी तरफ़ मुड़ गया तो पास खड़े लल्लू लाल और अग्रवाल नज़र आए और पीछे से होटल की सीढ़ियों से आती हुई आरती देवी नज़र आई।

"यह ट्रेन इलाहाबाद कितने बजे पहुँचती है ? ठीक है, मैं ख़ुद पता लगा लेता हूँ...थैंक यू..."

पास रखी टेलीफ़ोन डायरेक्टरी को खोलकर जे.के. रेलवे इंक्वायरी का नम्बर खोजने लगा।

अग्रवाल जो पास खड़ा था आरती देवी को देखकर बोला :

"लल्लू लालजी..."

"जी..."

"यह औरत आज भी नमकीन लगती है !"

अग्रवाल की कही बात, पास खड़े जे.के. ने भी सुनी।

"काफ़ी दमख़म है... !"

आरती देवी दूर खड़ी अपनी पार्टी के आदमी से बात कर रही थी।

"इस में बेचारे मैनेजर का क्या क़ुसूर है ! किसी का भी दिल आ सकता है..."

अग्रवाल की कही बातें जे.के. सुन रहा है। लल्लू लाल उन्हें अपने काम की तरफ़ लाया।

"देखिए ये आपको इलेक्शन में बैठने के लिए कहेंगी। मेरा ख़्याल है...."

"लल्लू लाल जी...अगर यह लेटने को तैयार हो जाए, तो हम बैठने को तैयार हैं..."

अग्रवाल की यह बात जे.के. से बरदाश्त नहीं हुई—अग्रवाल को खींचकर अपनी तरफ़ किया और कहा :

"क्या कहा...?"

"ओ हो ! तो आप ही हैं मैनेजर साहब...काफ़ी अच्छा माल..."

इतना कहना ही था कि जे.के. ने उल्टे हाथ का झापड़ दे मारा अग्रवाल को—वह दूर जा गिरा। जे.के. फिर उसके पास पहुँचा और गर्दन से पकड़ लिया। अग्रवाल ने गाली दी।

"यू...बास्टर्ड...तेरी माँ लगती है ?"

इतना सुनकर जे.के. ने फिर एक घूँसा मारा अग्रवाल को—आरती देवी खड़ी इस झगड़े को समझ नहीं पाई।

"मेरी क्या लगती है मैं जानता हूँ...जिस दिन कोई पूछनेवाला पैदा होगा...मैं देख लूँगा..."

जे.के. ने अग्रवाल को कॉलर से पकड़े हुए आरती के सामने होटल से बाहर कर दिया।

"तुम इसी वक़्त यहाँ से निकल जाओ, वरना उठाकर बाहर फेंक दूँगा..."

"देख लूँगा...!"

अग्रवाल चला गया...जे.के. गुस्से में आरती से मुख़ातिब हुआ :

"Listen. I am not a bloody politician. I face things straight in the face. किसी माई के लाल में हिम्मत है तो मुझसे आकर पूछे कि तुम्हारा मेरा

रिश्ता क्या है ? मैं जवाब दूँगा। तुम से क्या पूछते हैं जिसको ख़ुद नहीं मालूम कोई रिश्ता है या नहीं—और अगर है भी तो क्या है ? ये ओछी और हल्की हरकतें तुम्हारी सियासत में चलती होंगी। मेरी ज़िन्दगी में इनके लिए कोई जगह नहीं, समझीं...''

लल्लू लाल, गुरुसरन और सभी लोग सुन रहे थे। आरती देवी भी उसी वक़्त वहाँ से चली गई।

71

आरती देवी की पार्टी के लोग बैठे थे। एक आदमी अपनी जीप का पहिया बदल रहा था। साथ ही बात कर रहे थे।

''क्या बात करते हैं आप...आज सारा शहर जानता है कल सारा देश जान जाएगा...''

''छीः, छीः, इतनी बड़ी नेता होकर इश्क़ करती हैं, वह भी होटल मैनेजर के साथ...''

''लोग क्या-क्या बातें करते हैं, मालूम है तुम्हें ?''

दूसरी तरफ़ लल्लू लाल और गुरुसरन बैठे आपस में बात कर रहे थे...

''झक मारी है, इस इलेक्शन में, आज आख़िरी दिन है। परसों पोलिंग शुरू हो जाएगी, सब कुछ डूब गया जो हाथ में था, गया...''

होटल के अन्दर से आरती देवी निकली, पास खड़ी कार को देखा, और तेज़ी से चलाती हुई निकल गई, सामने से आती हुई दूसरी कार से टकराने लगी थी, पर बच गई। जे.के. ने देखा

और सामने से आते हुए गुरुसरन से पूछा :

''ये आरती देवी थीं...?''

''जी हाँ...समझ में नहीं आता, कहाँ चली गईं। आप तो जानते हैं, पुरानी आदत है उनकी...जब भी परेशान होती हैं, गाड़ी लेकर अकेली ही निकल जाती हैं।''

''हाँ जातना हूँ...और यह भी जानता हूँ, कोई-न-कोई एक्सीडेंट करके ही लौटेंगी, She has not changed a single bit. वही मिज़ाज, वही गुस्सा। जाइए वरना आगे कोई-न-कोई दुर्घटना की ख़बर मिलेगी...''

सामने से लल्लू लालजी आ रहे थे। गुरुसरन ने उनसे कहा।

''लल्लू लालजी...ज़रा जीप भेजिए, पता लगाइए कहाँ चली गई हैं...?''

''भइए...वापस चली गई...यहाँ रहकर करती भी क्या, अब कुछ तमाशा भी नहीं रहा देखने के लिए। अकेले चन्द्रसेन खड़ा है मैदान में, यह इलेक्शन तो वह ले गया...''

पास खड़ा जे.के. भी लल्लू लाल की बातें सुन रहा था।

72

एक बहुत बड़े पंडाल में चन्द्रसेन तक़रीर कर रहा था।

''अरे गोली मारिए चन्द्रसेन को, चन्द्रसेन को कुछ नहीं चाहिए...आपका वोट भी नहीं चाहिए, चन्द्रसेन को इंसाफ़ चाहिए, फ़ैसला चाहिए, और वह भी

आप लोगों से...''

हज़ारों की भीड़ ख़ामोशी से चन्द्रसेन की चटपटी बातें बड़े ध्यान से सुन रही थी।

''मैं पूछता हूँ आप लोगों से—इस होटल के मैनेजर को किसने शह दी, जिससे उसने अग्रवाल साहब पर हाथ उठाया, किसके बलबूते पर उसकी इतनी हिम्मत हुई ? जब मैं कहता हूँ कि इन दोनों में कोई नाजायज़ ताल्लुक़ात हैं, तो क्या मैं झूठ बोल रहा हूँ ? मैं ग़लत कह रहा हूँ ? इसी पंडाल में, इसी स्टेज पर से, मैंने आरती देवी से तीन सवाल किए थे जिनका जवाब जनता को आज तक नहीं मिला, वो शायद भूल गईं...वो शायद जनता को भी भूल गईं...लेकिन आज जब पब्लिक मीटिंग का आख़िरी दिन है, मैं अपने सवाल दोहराना चाहता हूँ...ताकि अगर आरती देवी चाहें तो उनका जवाब दे सकें...

ये सवाल मेरे नहीं, जनता के हैं, जनता उनसे पूछ रही है कि उस होटल के मैनेजर के साथ उनका क्या रिश्ता है ? क्या वह रिश्ता मियाँ-बीवी का रिश्ता है ? या वह मैनेजर आरती देवी का प्रेमी है या एक अच्छे होटल मैनेजर का फ़र्ज़ पूरा करते हुए, वह अपने ग्राहक की हर तरह की भूख-प्यास का ख़्याल रखता है ?''

पब्लिक यह सुनकर शोर करने लगी।

''जो लोग जनता के लीडर बनना चाहते हैं, उन्हें जनता के सामने ऊँचा आदर्श रखना पड़ता है, कुछ ऐसे काम भी करने पड़ते हैं कि जनता उनकी इज़्ज़त करे, उनका आदर करे, और जो लोग ऐसा नहीं कर सकते, उन्हें जनता के सामने से निकल जाना चाहिए, हट जाना चाहिए उनकी ज़िन्दगी से !''

यह सुनकर सामने बैठी जनता ज़ोरों से तालियाँ बजाने लगीं।

"हिन्दुस्तान की प्राचीन सभ्यता..."

इतना कहते-कहते चन्द्रसेन की नज़र दूर से स्टेज की तरफ़ आती हुई आरती देवी पर पड़ी। चन्द्रसेन आरती देवी को देखकर घबरा गया। उसकी ज़बान लड़खड़ाने लगी।

"हिन्दुस्तान की...प्राचीन...सभ्यता..."

आरती देवी भीड़ में से गुज़रती हुई स्टेज पर जा पहुँची और चन्द्रसेन की तरफ़ मुख़ातिब होकर बोली...

"बोलिए-बोलिए।"

चन्द्रसेन घबरा गया।

"हिन्दुस्तान की प्राचीन सभ्यता पर रुक क्यों गए कुछ कहते क्यों नहीं... ?"

चन्द्रसेन बेचैन-सा हो गया।

"आपकी ज़बान क्यों रुक गई..."

आरती देवी माइक को अपनी तरफ़ करते हुए बोली।

"मैं आपकी अदालत में आई हूँ...भाइयो और बहनो, माफ़ी माँगने नहीं आई हूँ...न्याय माँगने आई हूँ...न्याय कीजिए और जो भी ठीक समझिए, कड़ी-से-कड़ी सज़ा दीजिए मुझे।"

आरती देवी का गला भर आया यह कहते-कहते।

"आपको यह ही पूछना है न मुझसे कि आशियाना होटल के मैनेजर, मेरे क्या लगते हैं ? उनका मुझसे क्या रिश्ता है, मेरे विरोधी भाई ने काफ़ी सख़्त शब्दों में मुझसे कुछ सवाल पूछे हैं। मैं इतना ही जानना चाहूँगी कि यही सवाल कोई उनकी पत्नी

से, उनके बारे में पूछे तो उन्हें कैसा लगेगा...''

चन्द्रसेन हैरतज़दा सुन रहा था।

''मेरी निजी ज़िन्दगी के बारे में जानने का इतना ही शौक़ था...तो मुझसे कहते, मैं ख़ुद ही मिला देती उन्हें और कहती इनसे मिलो...यह मेरे पति हैं...!''

दूर भीड़ में खड़ा जे.के. यह बात सुन रहा था।

''हाँ...हाँ...शान से आपसे कहती हूँ...वो मेरे पति हैं और अपने पति के साथ मिलना अगर गुनाह है, तो मैंने गुनाह किया...जिस समय पर मेरे परिवार का हक़ था, मेरे पति, मेरी बच्ची का हक़ था... वह उनसे छीनकर मैंने आपको बाँट दिया...मैं आपसे पूछती हूँ कौन-सी औरत है जो बरसों बाद अपने पति को देखे और उससे मिलना न चाहे और उसे बताना न चाहे कि वह ज़िन्दगी जो उसे साथ-साथ गुज़ारनी थी...वह अलग-अलग कैसे गुज़र रही है।

मैं हाथ जोड़कर आप से विनती करती हूँ...मुझे वोट मत दीजिए...मुझे नहीं रहना है इस सियासत में। मैं वापस घर जाना चाहती हूँ...मैं अपने पति, अपनी बच्ची के पास वापस जा रही हूँ। मुझे और कुछ नहीं चाहिए आपसे, दे सकें तो आशीर्वाद दीजिए और अगर अब भी दोषी समझें तो सज़ा दीजिए।''

लोग यह सुनकर शशदर रह गए। जे.के. चलता हुआ आरती देवी के क़रीब आ गया और सहारा देकर वहाँ से ले जाने लगा।

पब्लिक आरती देवी ज़िन्दाबाद के नारे लगाने लगती है।

''आरती देवी की जय !

आरती देवी का जय !...''

जे.के. और आरती देवी भीड़ में से निकलते हुए चले गए।

73

आरती देवी और जे.के. कार में चले जा रहे थे। जे.के. कार चला रहे थे। आरती देवी आगे बैठी थीं। जे.के. ने कार में रेडियो ऑन किया। न्यूज़ आ रही थी रेडियो पर।

''प्राप्त सूचनाओं से पता चला है कि श्री अग्रवाल श्री चन्द्रसेन के हक़ में बैठ गए हैं। इसलिए उनके जीतने की सम्भावनाएँ बढ़ गई हैं। श्रीमती आरती देवी...''

जैसे ही नाम सुना आरती देवी ने रेडियो बन्द कर दिया, जे.के. ने पूछा :

''क्यों...रेडियो क्यों ऑफ़ कर दिया...?''

आरती चुप रहीं।

''यह बड़ी अच्छी बात है, तुम घर लौट रही हो... लेकिन इसलिए मत लौटो, कि इलेक्शन में तुम हार गई हो...तुम्हारी हार मेरी जीत नहीं हो सकती है। मैं तुम्हें हारा हुआ नहीं देखना चाहता, न घर में, न बाहर, जो भी करो, यक़ीन और विश्वास के साथ करो...''

आरती सिर्फ़ जे.के. को देखती रही, कोई जवाब नहीं दिया।

74

घर में आरती देवी बैठीं थी, रेडियो पर न्यूज़ आ रही थी।

"दोपहर की गिनती के आधार पर तीनों उम्मीदवारों की स्थिति इस प्रकार है—श्री गुलशेर अहमद खाँ—अब तक प्राप्त कुल वोट 1203, श्री चन्द्रसेन—50735, श्रीमती आरती देवी—55940। इस तरह आरती देवी अपने निकटतम प्रतिद्वन्द्वी से 5205 वोटों से आगे हैं। अब कहा जाता है कि उनकी जीत निश्चित है !

दरवाज़े पर जे.के. भी खड़ा सुन रहा था...इसके बाद वह आरती देवी के पास आया, दोनों ने एक-दूसरे को देखा, फिर दोनों की आँखें नम हो गईं। यह जीत है कि हार है? क्या फिर बिछड़ना पड़ेगा।

75

हैलीकॉप्टर खड़ा है। उसके पंखे चल रहे थे जैसे उड़ने को तैयार था। आरती देवी हाथ जोड़े अपनी पार्टी के लोगों से मिली। लल्लू लालजी के पास आई, लल्लू हाथ जोड़े हुए मुस्कुरा के बोले :

"ज़िन्दा रहा तो अगले इलेक्शन में फिर आपकी सेवा करूँगा...नमस्ते..."

आरती देवी आगे बढ़ी—जे.के. के पास पहुँची। जे.के. बोले :

''तुम्हारा जाना ज़रूरी है। मैं समझता हूँ...जो काम शुरू किया है, उसे पूरा करो। मैं तुम्हें हमेशा कामयाब देखना चाहता हूँ...हमेशा...''

''कल मन्नू आ रही है न...और एक दिन रुक सकती तो...मन्नू से मिलकर जाती...''

''मैं भेज दूँगा उसे...होस्टल लौटने से पहले, कुछ दिन तुम्हारे पास ही रहेगी...तुम खुद ही पहुँचा देना।...''

आरती देवी की आँखें आँसुओं से भर गईं... उनके हाथों को माथे पर लगाया।

इस मोड़ से जाते हैं
कुछ सुस्त क़दम रस्ते
कुछ तेज़ क़दम राहें
पत्थर की हवेली को
शीशे के घरौंदे में
तिनकों के नशेमन तक !
इस मोड़ से जाते हैं...
हैलीकॉप्टर आसमान की तरफ़ उड़ गया

आँधी

प्रोड्यूसर : जे. ओम प्रकाश
कैमरा : के. बैकुंठ
आर्ट : अजीत बेज़जी
एडीटर : वामन और गौरव
कहानी : कमलेश्वर के नॉवल 'काली आँधी' पर बनी स्क्रीनप्ले
मुकाले और गीत : गुलज़ार
मौसीक़ी : आर.डी. बर्मन
हिदायतकार : गुलज़ार
सितारे : संजीव कुमार, सुचित्रा सेन, रहमान, ओम प्रकाश, ए.के. हंगल, ओम शिवपुरी

●●●